*Public Health Service Publication No. 554*

*Public Health Bibliography Series 17*

# Foreword

The complete bibliographies of four great names in neurology—Joseph Babinski, Sir Victor Horsley, Sir Charles Sherrington, and Arthur Van Gehuchten—are assembled in this brochure. Each bibliography is preceded by a brief biographical sketch.

The brochure has been prepared specifically as a tribute to these four men who are being honored at the First International Congress of Neurological Sciences in Brussels (July 21–28)  Dedicated to the memory of Sherrington is the first joint symposium on extrapyramidal pathology (July 22); to the memory of Babinski, the second joint symposium on states of consciousness (July 23); to the memory of Horsley, the plenary session on stereotaxic methods (July 24); and to the memory of Arthur Van Gehuchten, the celebration of his centenary at Louvain (July 28)

There is something symbolic in a compilation such as this which is devoted to men of three nations even as there is symbolism in the First International Congress of Neurological Sciences, for both testify to the strength and durability of scientific ties which know no national boundaries.  Both testify to the fact that science serves all humanity.

Among the many colleagues to whom I am indebted for suggestions and aid in the preparation of this material are  John F Fulton, Webb Haymaker, Robert B Livingston, Ernest Sachs, Paul I Yakovlev in the United States; Raymond Garcin and Auguste Tournay in Paris and Ludo van Bogaert in Brussels.  Special mention should be made of Paul Van Gehuchten, President of the Brussels Congress, who supplied the bibliography of his father, Arthur Van Gehuchten.

PEARCE BAILEY, Ph D., M D.
*Director, National Institute of*
*Neurological Diseases and Blindness*
*Bethesda 14, Md.*

JUNE 20, 1957

# Contents


|  | Pages |
|---|---|
| JOSEPH BABINSKI | |
| Biographical Sketch | 3 |
| Bibliography | 5 |
| SIR VICTOR HORSLEY | |
| Biographical Sketch | 25 |
| Bibliography | 29 |
| SIR CHARLES SHERRINGTON | |
| Bibliographical Sketch | 41 |
| Bibliography | 45 |
| ARTHUR VAN GEHUCHTEN | |
| Biographical Sketch | 69 |
| Bibliography | 73 |

# JOSEPH BABINSKI
## CLINICAL NEUROLOGIST

JOSEPH BABINSKI

1857–1932

# Biographical Sketch

Born in Paris on November 2, 1857 Joseph François Félix Babinski was educated in the city of his birth. He graduated with the degree of Doctor of Medicine from the University of Paris in 1885. His thesis, of outstanding merit, correlated the clinical signs with the pathological findings in multiple (disseminated) sclerosis

A disciple of Cornil and Vulpian, he had a thorough training in general medicine before undertaking the study of neurology  Shortly after his graduation he became Chief of Charcot's Clinic at the Salpêtrière in 1885.  In 1890, he was appointed Médecin des Hôpitaux. Upon the death of Charcot in 1893, Babinski was appointed chief of the neurological clinic at the Hôpital de la Pitié, a chair he held until his retirement in 1927.

At a meeting of the Société de Biologie in 1896, he described his "cutaneous plantar reflex," "Le Signe du Grésorteil," which later became known as the Sign of Babinski.  Although this sign had been reported three years earlier by E. Remak, it was Babinski who first recognized its diagnostic significance.  In its simplicity, clinical importance, and physiological implications, Babinski's sign has few equals in medicine

In 1898 and 1899, in association with Albert Charpentier, he published papers on the Argyll-Robertson pupil in cerebro-spinal syphilis as evidence of a structural lesion in the central nervous system.  In 1899 Babinski introduced the conception of asynergia as the cardinal symptom of cerebellar deficit.  He elucidated the adiposo-genital syndrome in the female in 1900, a year before Frolich's classic description.

In 1900, with Brissaud, Dejerine, Pierre Marie, Souques and others, he founded the Société de Neurologie de Paris, to which he was greatly devoted.  He served as President of the Society in 1923

In 1902, in association with Jean Nageotte, he formulated a clinical syndrome resulting from lesions of the medulla oblongata (now called the tegmental medullary syndrome).  This work led to the recognition that locomotor ataxia had a physiological basis. Babinski and Nageotte also collaborated in writing a book on cerebrospinal fluid, *Contribution à l'étude du cytodiagnostic du liquide céphalo-rachidien dans les affections nerveuses*

A medical neurologist, Babinski anticipated the approach of the neurosurgical era shortly after the turn of the century. He wrote extensively on surgical problems relating to the nervous system. In 1911, he localized from purely clinical examination the first spinal cord tumor successfully removed in France. A few days before his death he said that his most important contribution was not his "signe" but the fact that he had paved the way for de Martel and Vincent, the founders of French neurosurgery.

Babinski's concept of hysteria ("pithiatisme") held that its manifestations were produced by suggestion and abolished by counter-suggestion. Over a period of 25 years, beginning in 1893, he developed criteria for differentiating hysterical symptoms from signs produced by organic lesions of the nervous system.

Among his most significant contributions to neurology were papers on combined flexion of the thigh and trunk, cerebellar symptomatology, particularly asynergia and adiadokokinesis; deep and superficial reflexes of defense. A clinical neurologist par excellence, Babinski made little use of the laboratory and technical procedures. His bibliography contains 288 items, the first on typhoid fever (1882), the last on hysteria (1930).

Babinski was a contributor and editor of the *Révue Neurologique* from 1911 to 1932. He was an honorary member of the American Neurological Association from 1924 to 1932. Although the last years of his life were marred by paralysis agitans, Babinski continued his studies until his death. He died in Paris on October 30, 1932.

Babinski's clinical examinations were inspiring models of meticulous scrutiny, conscientiousness and patience. His life and work were characterized by generosity, humility, and integrity. A creative thinker, brilliant teacher, and dedicated physician, Joseph François Félix Babinski was guided by the maxim: "Observation Summa Lex." His career and clinical contributions assure him of a place among the great neurologists of all time.

# Bibliography


### 1882

Observations de rechutes pendant la convalescence de la fièvre typhoïde (Journal des connaissances médicales, 19 et 26 octobre 1882.)

### 1883

Ramollissement cérébral (Bulletins de la Société anatomique, 2 mars
1883).
Kyste hydatique du cerveau (Id.).
Épithélioma tubulé de la peau de la région fessière développé aux
dépens du corps muqueux de Malpighi (Société anatomique, 4
mai 1883).
Deux cas d'épithélioma pavimenteux ayant vraisemblablement pour
point de départ un kyste dermoïde de l'ovaire (Id )
Épilepsie survenue chez un syphilitique et suivie de mort, reconnais-
sant pour cause une hémorragie méningée (Revue de Médecine,
1883).

### 1884

Sur un cas de psuedo-pellagre (Gazette médicale de Paris, 1884, p 42).
Des modifications que présentent les muscles à la suite de la section des
nerfs qui s'y rendent (Comptes rendus de l'Académie des Sciences,
7 janvier 1884).
Sur un cas de myélite chronique diffuse avec prédominance des
lésions dans les cornes antérieures de la moelle (Revue de
Médecine, 1884).
Note sur un cas de pneumonie tuberculeuse pseudo-lobaue avec
absence de bacille dans les crachats (en collaboration avec Dejerine
Revue de Médecine, 1884).
Sur les lésions des tubes nerveux de la moelle épinière dans la sclérose
en plaques (Académie des Sciences, 8 juin 1884).

### 1885

Recherches sur l'anatomie pathologique de la sclérose en plaques et étude comparative des diverses variétés de sclérose de la moelle (Archives de Physiologie normale et pathologique, 15 février 1885).

Étude anatomique et clinique sur la sclérose en plaques (Thèse, Paris, 1885, chez Masson).

### 1886

Atrophie musculaire d'origine cérébrale avec intégrité des cornes antérieures de la moelle et des nerfs moteurs (Société de Biologie, 20 février 1886)

De l'atrophie musculaire dans les paralysies hystériques (Archives de Neurologie, 1886, nos. 34 et 35)

Sclérose médullaire systématique combinée (en collaboration avec Charrin Revue de Médecine, 1886)

Sur la présence dans les muscles striés de l'homme d'un système spécial constitué par des groupes de petites fibres musculaires entourées d'une gaine lamelleuse (Société de Biologie, 18 décembre 1886).

### 1887

Tables bénins (Id., 28 mai 1887).

Ataxie locomotrice. Arthropathie tabétique Rhumatisme chronique (Société anatomique, 1887)

### 1888

Sur une déformation particulière du tronc causée par la sciatique (Archives de Neurologie, 1888, no. 43)

Myopathie progressive primitive. Sur la corrélation que existe entre la prédisposition de certains muscles à la myopathie et la rapidité de leur développement (en collaboration avec Onanoff Société de Biologie, 11 février 1888).

De la paralysie pyocyanique. Étude anatomique et clinique (en collaboration avec Charrin. Id., 10 mars 1888)

Grand et petit hypnotisme (Archives de Neurologie, 1888, nos. 49 et 50).

### 1889

Faisceaux neuro-musculaires (Archives de Médecine expérimentales, 1er mai 1889)

Arthropathies expérimentales (en collaboration avec Charrin. Société de Biologie, 27 juillet 1889).

### 1890

Anatomie pathologique des névrites périphériques (Leçon faite à la Salpêtrière le 30 mai 1890. Gazette hebdomadaire, août 1890).

Migraine ophtalmique hystérique (Archives de Neurologie, 1890, no 60).

## 1891

Dissociation syringomyélique des divers modes de la sensibilité dans
la lèpre (Société médicale des Hôpitaux, 27 février 1891)
Paraplégie flasque par compression de la moelle (Archives de Médecine
expérimentale et d'Anatomie pathologique, 1<sup>er</sup> mars 1891).
Hypnotisme et hystérie. Du rôle de l'hypnotisme en thérapeutique
(Leçon faite a la Salpêtrière le juin 1891. Gazette hebdomadaire,
juillet 1891)
Polyurie hystérique (Société médicale des Hôpitaux, 13 novembre
1891)

## 1892

Notice sur les travaux scientifiques du Dr Babinski (Janvier 1892,
chez Masson).
Sur un fait de syringomyélie (en collaboration avec Desnos. Société
médicale des Hôpitaux, 8 juillet 1892).
Paralysie hystérique systématique Paralysie partielle ou systéma-
tique des fonctions motrices du membre inférieur gauche (Id.).
Paralysie hystérique systématique. Paralysie faciale hystérique (Id.,
4 novembre 1892).
Association de l'hystérie avec les maladies du système nerveux, les
névroses et diverses autres affections (Id , 11 novembre 1892).
Des crampes musculaires dans le choléra et dans d'autres états pa-
thologiques (Id., 2 décembre 1892).
Paralysie faciale hystérique (Id., 16 décembre 1892).
Les névrites (Traité de médecine Charcot-Bouchard, chez Masson).

## 1893

Contractures organique et hystérique (Société médicale des Hôpitaux,
5 mai 1893).

## 1894

Sur les scléroses systématiques dites primitives de la moelle (Id., 19
janvier 1894).

## 1895

Paraplégie crurale par mal de Pott dorsal. Névrites périphériques
des membres inférieurs (en collaboration avec Zachariades. Société de Biologie, 9 novembre 1895).

## 1896

Sur le réflexe cutané plantaire dans certaines affections organiques du
système nerveux (Société de Biologie, 22 février 1896).
Relâchement des muscles dans l'hémiplégie organique (Id., 9 mai
1896).

Hémiatrophie de la langue (Société médicale des Hôpitaux, 31 juillet
et 26 novembre 1896).
Abolition du réflexe du tendon d'Achille dans la sciatique (Id., 18
décembre 1896).

### 1897

De l'action du chlorhydrate de morphine sur le tétanos (Société de
Biologie, 10 juin 1897).

### 1898

Du phénomène des orteils et de sa valeur sémiologique (Leçon faite à
la Pitié Semaine médicale, 27 juillet 1898).
De quelques mouvements associés du membre inférieur paralysé dans
l'hémiplégie organique (Société médicale des Hôpitaux, 30 juillet
1897).
Sur le réflexe du tendon d'Achille dans le tabes (Id., 26 octobre 1898).

### 1899

Sur une forme de paraplégie spasmodique consécutive à une lésion
organique et sans dégénération du système pyramidal (Id., 24 mars
1899).
De la contractilité des muscles striés après la mort (Société de Biologie,
6 mai 1899).
Du phénomène des orteils dans l'épilepsie (Société de Neurologie,
6 juillet 1899).
De l'abolition des réflexes pupillaires dans ses relations avec la syphilis
(en collaboration avec Charpentier. Société de Dermatologie, 13
juillet 1899).
De l'asynergie cérébelleuse (Société de Neurologie, 9 novembre 1899).

### 1900

Sur le prétendu réflexe antagoniste de Schaefer (Id., 13 janvier 1900).
Sur un cas d'hémispasme. Contribution à l'étude de la pathogénie
du torticolis spasmodique (Id., 1er février 1900).
Tabes conjugal (Id., 5 avril 1900).
Diagnostic différentiel entre l'hémiplégie organique et l'hémiplégie
hystérique (Leçon faite à la Pitié. Gazette des Hôpitaux, numéros
des 5 et 8 mai 1900).
Sur la paralysie du mouvement associé de l'abaissement des yeux
(Société de Neurologie, 7 juin 1900).
Tumeur du corps pituitaire sans acromégalie et avec arrêt du dé-
veloppement des organes génitaux (Id.).
Sur une forme de pseudo-tabes Névrite optique rétrobulbaire infectieuse
et troubles dans les réflexes tendineux (Id., 5 juillet 1900).

Association de tabes et de lésions syphilitiques (Id.).
Du traitement mercuriel dans la sclérose tabétique des nerfs optiques
(Id.)
Tabes avec cécité (XIII° Congrès international de Médecine, Paris,
1900. Section de Neurologie)
Scléroses combinées (Id.).

## 1901

De l'influence des lésions de l'appareil auditif sur le vertige voltaïque
(Société de Biologie, 26 janvier 1901).
Stase papillaire guérie par la trépanation crânienne (Société de
Neurologie, 7 février 1901).
A propos de la communication de M Ballet sur trois cas de gliomatose
cérébrale (Id )
Hémiasynergie avec hémitremblement d'origine cérébello-protubéran-
tielle (Id.).
Du traitement de la maladie de Basedow par le salicylate de soude
(Id.).
Hémiasynergie et hémitremblement d'origine cérébello-protubéran-
tielle (2° communication. Société de Neurologie, 18 avril 1901).
Sur le réflexe du tendon d'Achille (Id , 2 mai 1901).
De l'abolition des réflexes pupillaires dans ses relations avec la syphilis
(en collaboration avec Charpentier. Société médicale des Hôpi-
taux, 17 mai 1901)
Contribution à l'étude du cytodiagnostic du liquide céphalo-rachidien
dans les affections nerveuses (en collaboration avec Nageotte Id ,
24 mai 1901).
Sur le spasme du cou (Société de Neurologie, 4 juillet 1901).
Définition de l'hystérie (Id., 7 novembre 1901).
Des troubles pupillaires dans les anévrismes de l'aorte (Société
médicale des Hôpitaux, 8 novembre 1901).

## 1902

Variations de la gravité du tabes (Société de Neurologie, 9 janvier
1902).
Hémiasynergie, latéropulsion et myosis bulbaires avec hémianes-
thésie et hémiplégie croisées (en collaboration avec Nageotte.
Id., 17 avril 1902).
De l'équilibre volitionnel statique et de l'équilibre volitionnel ciné-
tique. Dissociation de ces deux modes de l'équilibre volitionnel.
Asynergie et catalepsie (Société de Neurologie, 15 mai 1902).
Sur la valeur sémiologique des perturbations dans le vertige voltaïque
(Id.).
Tabes hérédo-syphilitique. Tabes héréditaire (Société médicale des
Hôpitaux, 24 octobre 1902).

Méningite cérébro-spinale subaiguë à polynucléaires  Ponction lombaire  Guérison (Id , 31 october 1902).

Sur le rôle du cervelet dans les actes volitionnels nécessitant une succession rapide de mouvements  Diadococinésie (Société de Neurologie, 6 novembre 1902).

De l'influence de la ponction lombaire sur le vertige voltaïque et sur certains troubles auriculaires (Société médicale des Hôpitaux, 7 novembre 1902)

Lésions syphilitiques des centres nerveux.  Foyers de ramollissement dans le bulbe  Héminasynergie, latéropulsion et myosis bulbaires avec hémianesthésie et hémiplégie croisées (en collaboration avec Nageotte  Nouvelle iconographie de la Salpêtrière, numéros de novembre et décembre 1902).

1903

De l'épilepsie spinale.  Procédé pour la faire apparaître quand elle est latente (Société de Neurologie, 15 janvier 1903).

Sur l'état des réflexes tendineux dans l'hystérie (Société de Neurologie, 5 février 1903).

Projet de création d'asiles spéciaux pour demi-infirmes (Société médicale des Hôpitaux, 21 février 1903).

Lymphocytose dans le tabes et paralysie générale (Société de Neurologie, 5 mars 1903).

Sur le mécanisme du vertige voltaïque (Société de Biologie, 14 mars 1903).

Du traitement des affections auriculaires par la ponction lombaire (Société médicale des Hôpitaux, 24 avril 1903).

Sur le mouvement d'inclination et de rotation de la tête dans le vertige voltaïque (Société de Biologie, 25 avril 1903).

Sur un cas de mélancolie guéri à la suite immédiate d'un accès provoqué de vertige voltaïque (Société de Neurologie, 7 mai 1903)

Pseudo-tabes spondylosique (Id , 4 juin 1903)

De l'abduction des orteils (Id , 2 juillet 1903)

Névrite radiale (Id ).

Méningite hémorragique fibrineuse, paraplégie spasmodique  Ponctions lombaires, traitement mercuriel.  Guérison (Société médicale des Hôpitaux, 23 octobre 1903).

Sur la prétendue albuminurie hystérique (Id , 27 novembre 1903).

Sur le prétendu pemphigus hystérique (Id.)

De l'abduction des orteils.  Signe de l'éventail (Société de Neurologie, 3 décembre 1903).

Troubles pupillaires dans les crises gastriques (Id ).

Sur la prétendue albuminurie hystérique (2° communication  Société médicale des Hôpitaux, 11 décembre 1903)

## 1904

Sur le traitement des affections de l'oreille et en particulier du vertige auriculaire par la rachicentèse (Académie de Médecine, 28 décembre 1903  Anuales des maladies de l'oreille et du larynx, tome XXX, numéro du 2 février 1904).

Sur la transformation du régime des réflexes cutanés dans les affections du système pyramidal (Société de Neurologie, 7 janvier 1904).

Traitement de l'incontinence d'urine par la ponction lombaire (en collaboration avec Boisseau. Société médicale des Hôpitaux, 29 avril 1904).

Introduction à la sémiologie des maladies du système nerveux  Des symptômes objectifs que la volonté est incapable de reproduire  De leur importance en médecine légale (Leçon faite a la Pitié  Gazette des Hôpitaux, 11 octobre 1904).

Maladie bleue. Cyanose de la papille. Hémiplégie consécutive à une coqueluche (en collaboration avec Mlle. Toufesco. Société de Neurologie, 3 novembre 1904).

Myopathie hypertrophique consécutive à la fièvre typhoïde. Dissociation de diverses propriétés des muscles (Id , 1ᵉ décembre 1904).

Hémiplégie spasmodique infantile. Paralysie post-spasmodique (Id.).

Cyanose des rétines avec rétrécissement pulmonaire, sans cyanose généralisée (Société d'Ophthalmologie, 6 décembre 1904)

## 1905

Sur un cas de névrite du peut-être à l'usage d'engrais artificiels. D'une particularité de la réaction de dégénérescence (Société de Neurologie, 12 janvier 1905).

Formes latentes des affections du système pyramidal (Id ).

De la flexion combinée de la cuisse et du tronc dans la chorée de Sydenham (Id ).

De la cyanose des rétines dans le rétrécissement de l'artère pulmonaire (en collaboration avec Mlle Toufesco. Nouvelle Iconographie de la Salpêtrière, no 2, 1905)

Hémispasme facial périphérique (Société de Neurologie, 6 avril 1905, et Nouvelle Iconographie de la Salpêtrière, no 4, 1905).

Thermo-asymétrie d'origine bulbaire (Société de Neurologie, 6 avril 1905).

Spasme du trapèze droit et tic de la face (Id , 6 Juillet 1905).

Sur un cas de tabes à systématisation exceptionnelle (en collaboration avec Nageotte. Société de Biologie, 14 octobre 1905).

Hyperoxcitabilité électrique du nerf facial dans la paralysie faciale (Société de Neurologie, 9 novembre 1905)

BABINSKI

De l'influence de l'obscuration sur le réflexes des pupilles à la lumière
et de la pseudo-abolition de ce réflexe (Id , 7 décembre 1905)

1906

De l'épilepsie spinale fruste (Id., 1<sup>er</sup> mais 1906).

Traitement de la névralgie faciale par les courants voltaïques à
intensité élevée (en collaboration avec Delheim. Id , 7 juin 1906).

Ma conception de l'hystérie et do l'hypnotisme (Société de l'Internat
des Hôpitaux de Paris, 28 juin 1906).

Asynergic et inertie cérébelleuse (Société de Neurologie, 5 juillet 1906).

De la paralysie par compression du faisceau pyramidal, sans dégénération secondaire (Id )

Contracture généralisée due à une compression de la moelle cervicale,
très améliorée à la suite de l'usage des rayons X (Société Médicale
des Hôpitaux, 30 novembre 1906).

Sur les injections de sels mercuriels insolubles (Id.).

Lésion bulbaire unilatérale · thermo-asymétrie et vaso-asymétrie,
hémianesthésie alterne à forme syringomyélique. Hypothèse
nouvelle sur la conduction des divers modes de la sensibilité (Société
de Neurologie, 5 décembre 1906).

1907

De l'action de la scopolamine sur la chorée de Sydenham (Id., janvier
1907).

Du champ visuel et de la vision centrale dans l'atrophie tabétique des
nerfs optiques (en collaboration avec Chaillous. Comptes rendus
de la Société d'Ophtalmologie de Paris, 7 février 1907).

De la radiothérapie dans les paralysies spasmodiques spinales (Société
médicale des Hôpitaux, 1<sup>er</sup> mars 1907).

Suggestion et hystérie. À propos de l'article de M Bernheim intitulé
"Comment je comprends le mot Hysterie" (Bulletin médical, 30
mars 1907).

Quelques remarques sur l'article de M. Sollier intitulé: "La définition
et la nature de l'Hystérie" (Archives générales de médecine, mars
1907).

Sur la rachicentèse dans les tumeurs cérébrales (Société de Neurologie,
2 mai 1907)

Résultats thérapeutiques de la ponction lombaire dans les névrites
optiques d'origine intra-crânienne (en collaboration avec Chaillous
Société d'Ophtalmologie, mai 1907).

De l'abduction des doigts dans l'hémiplégie organique (Société de
Neurologie, 4 juillet 1907).

De la pronation de la main dans l'hémiplégie organique (Id.).
Sur le réflexe cutané plantaire. Différences dans les réactions correspondant à des différences dans le siège d'excitation (Id).
Émotion, suggestion et hystérie (Id.).
Sur la définition de l'hystérie (Congrès de Lausanne, août 1907)
Section de la branche externe du spinal dans le torticolis dit mental (Société de Neurologie, 7 novembre 1907).
A propos du pemphigus hystérique (Id., 5 décembre 1907).
Sur les prétendus troubles trophiques de la peau dans l'hystérie (Société médicale des Hôpitaux, 6 décembre 1907).
Quelques remarques sur l'article de M. Cruchet intitulé: "Définition de l'Hystérie en général et Hystérie infantile" (Presse médicale, 21 décembre 1907).

## 1908

Sur le prétendu pemphigus hystérique (Société de Neurologie, 9 janvier 1908).
Instabilité hystérique (pithiatique) des membres et du tronc (Id., 5 mai 1908).
Spondylose et douleurs névralgiques atténuées à la suite de pratiques radiothérapiques (Id).
Traitement du vertige de Ménière pour la ponction lombaire (Leçon faite à la Pitié. Journal de médecine et de chirurgie pratiques, 10 juin 1908)
Tumeur méningée unilatérale Hémiplégie siégeant du même côté que la tumeur (en collaboration avec Clunet Société de Neurologie, 2 juillet 1908).
Section du cubital et du médian à la partie inférieure de l'avant-bras. Causes d'erreur dans l'exploration de la sensibilité (en collaboration avec Tournay Société de Neurologie, Id.).
Quelques remarques sur le mémoire de M Gordon intitulé: "Troubles vasomoteurs et trophiques de l'Hystérie" (Revue neurologique, 30 octobre 1908).
Quelques remarques sur le mémoire de M Valobra intitulé: "Contribution à l'étude des gangrènes cutanées spontanées chez les sujets hystériques" (Nouvelle Iconographie de la Salpêtrière, novembre et décembre 1908).

## 1909

Demembrement de l'hystérie traditionnelle. Pithiatisme (Semaine médicale, 6 janvier 1909).
Quelques remarques sur le mémoire de M. Ettore Levi intitulé: "Nouvelles recherches graphiques sur le phénomène de la trépidation du pied" (Encéphale, janvier 1909).

BABINSKI

Monoplégie brachiale organique.  Mouvements actifs et mouvements
  passifs (Société de Neurologie, 5 février 1909).
Sur la fièvre et les troubles trophiques attribués à l'hystérie (Id )
Deux cas de tumeur cérébrale (Id.) 4 mars 1909
Deux cas de tumeur cérébrale de lobe frontal (Id , 6 mai 1909)
Quelques documents relatifs à l'histoire des fonctions de l'appareil
  cérébelleux et de leurs perturbations (Revue de médecine interne
  et de thérapeutique, mai 1909).
À propos d'un travail de M  Ettore Levi intitulé. "Quelques nou-
  veaux faits relatifs à un cas d'Hystérie avec exagération des réflexes
  tendineux  Réponse aux critiques de M  Babinski" (Encéphale,
  7 juillet 1909).
Quelques remarques sur la ponction lombaire et la ponction céphalique
  comparées entre elles (Société médicale des Hôpitaux, 30 juillet
  1909).
Trépanation pour tumeur cérébrale  Ablation de la tumeur  Grande
  amélioration (en collaboration avec de Martel  Société de Neurologie, 2 décembre 1909).

1910

Sur la localisation des lésions comprimant la moelle.  De la possibilité d'en déterminer le siège au moyen des réflexes de défense (en
  collaboration avec Jarkowski  Académie de Médecine  Bulletin
  médical, 17 janvier 1910).
Hypotonicité musculaire et réaction de dégénérescence (Société de
  Neurologie, 10 février 1910)
Vertige voltaïque et lésions auriculaires (Bulletins et Mémoires de
  la Société de Laryngologie, d'Otologie et de Rhinologie de Paris,
  12 février 1910).
Remarques sur la persistance de zones sensibles à topographie radiculaire dans les paralysies médullaires avec anesthésie (en collaboration avec Barré et Jarkowski.  Société de Neurologie, 10 février et
  4 avril 1910).
Craniectomie décompressive (Société de Neurologie, 14 avril 1910)
  De la craniectomie décompressive (Académie de Médecine, Bulletin
  médical, 20 avril 1910)
Sur la possibilité de déterminer la hauteur de la lésion dans les paraplégies d'origine spinale par certaines perturbations des réflexes
  (en collaboration avec Jarkowski.  Société de Neurologie, 12 mai
  1910).
Contribution à l'étude de la syphilis familiale.  Recherches à l'aide
  de la réaction de Wassermann (en collaboration avec Barré, Id ).
Utilité de la craniectomie décompressive dans les tumeurs cérébrales

14

(Leçon faite à la Pitié. Journal de Médecine et de Chirurgie
pratiques, 10 juin 1910)

De la dégénération et de la régénération du sterno-mastoïdien et du
trapèze à la suite de la section de la branche externe du spinal
(Société de Neurologie, 7 juillet 1910)

De l'hynotisme en thérapeutique et en médecine légale (Société
médicale, 27 juillet 1910).

Inversion du réflexe du radius (Société médicale des Hôpitaux, 11
octobre 1910).

### 1911

Paraplégie spasmodique organique avec contracture en flexion et contractions musculaires involontaires (Société de Neurologie, 12
janvier 1911)

Syndrome cérébelleux (en collaboration avec Jumentié. Id ).

Radiothérapie de la sciatique (en collaboration avec Charpentier et
Delherm   Id , 6 avril 1911)

Syndrome de Brown-Séquard (en collaboration avec Jarkowski et
Jumentié, Id., 4 mai 1911).

Sur l'excitabilité idiomusculaire et sur les réflexes tendineux dans les
myopathies progressives primitives (en collaboration avec Jarkowski   Id   1er juin 1911).

Du vertige voltaïque dans les affections de l'appareil vestibulaire
(Société de Neurologie, 1er juin 1911)

Syndrome de Brown-Séquard par coup de couteau (en collaboration
avec Jarkowski et Jumentié.   Revue neurologique, 15 septembre
1911).

Réapparition provoquée et transitoire de la motilité volitionnelle dans
la paraplégie (en collaboration avec Jarkowski.   Société de Neurologie, 9 novembre 1911).

Modification des réflexes cutanés de défense sous l'influence de la compression par la bande d'Esmarch (Société de Neurologie, Id ).

Tumeur méningée   Paraplégie crurale par compression de la moelle
Extraction de la tumeur   Guérison (en collaboration avec Iceline et
Bourlot   Société de Neurologie, Id ).

### 1912

Pachyméningite cervicale hypertrophique (en collaboration avec
Jarkowski et Jumentié.   Id , 25 janvier 1912).

Des réflexes cutanés de défense dans la maladie de Friedreich (en
collaboration avec Vincent et Jarkowski.   Id., 7 mars 1912).

Leucocytose du liquide céphalo-rachidien au cours du ramollissement
de l'écorce cérébrale (en collaboration avec Gendron   Société
médicale des Hôpitaux, 22 mars 1912).

Contribution à l'étude de la réaction de dégénérescence  Excitabilité
faradique latente  Possibilité de la faire apparaître au moyen de la
voltaisation (en collaboration avec Delherm et Jarkowski.  Société
française d'Electrothérapie, mars 1912).

Émotion et hystérie (en collaboration avec Jean Dagnan-Bouveret.
Journal de Psychologie normale et pathologique, mars-avril 1912).

Tumeur méningée de la région dorsale supérieure.  Paraplégie crurale
par compression de la moelle.  Extraction de la tumeur.  Guérison
(en collaboration avec de Martel et Jumentié  Société de Neurologie, 25 avril 1912)

Stase papillaire bilatérale  Cécité presque complète  Craniectomie
décompressive avec incision de la dure-mère  Guérison (en collaboration avec Chailleus et de Martel.  Id.)

Contracture tendino-réflexe et contracture cutanéo-réflexe (Id , 9 mai
1912).

Contribution à l'étude de l'hémorragie méningée (en collaboration
avec Jumentié.  Société médicale des Hôpitaux, 31 mai 1912).

Étude comparative des limites de l'anesthésie organique et de l'anesthésie psychique (en collaboration avec Jarkowski.  Société de
Neurologie, 11 juillet 1912).

Réflexes tendineux et réflexes osseux (Leçons faites à la Pitié.  Bulletin médical, numéros des 19 et 26 octobre, 6 et 23 novembre 1912).

1913

Méningite cervicale hypertrophique (en collaboration avec Jarkowski et
Jumentié.  Nouvelle Iconographie de la Salpêtrière, janvier-février
1913).

Contracture liée à une irritation des cornes antérieures de la moelle
dans un cas de syringomyélie (Société de Neurologie, 6 février 1913)

Vertige voltaïque.  Perturbation dans les mouvements des globes
oculaires à la suite de lésions labyrinthiques expérimentales (en
collaboration avec Vincent et Barré.  Id.).

Vertige voltaïque.  Nouvelles recherches expérimentales sur le laby-
rinthe des cobayes (en collaboration avec Vincent et Barré.  Id.,
6 mars 1913).

Un cas de crises gastriques tabétiformes liées à l'existence d'un petit
ulcus juxtapylorique (en collaboration avec St. Chauvet et G.
Durand.  Id.).

Désorientation et déséquilibration spontanées et provoquées.  La
déviation angulaire (en collaboration avec G. A. Weill.  Société de
Biologie, 26 avril 1913).

Sur un syndrome de Brow-Séquard par coup de couteau (en collaboration avec Chauvet et Jarkowski.  Id., 8 mai 1913).

16

Pseudo-coxalgie et appendicite (en collaboration avec Enriquez et Gaston Durand. Société médicale des Hôpitaux, 16 juillet 1913).

Mouvements réactionnels d'origine vestibulaire et mouvements contre-réactionnels (en collaboration avec G. A. Weill. Société de Biologie, 19 juillet 1913).

Les symptômes des maladies du cervelet et leur signification (en collaboration avec Tournay. Congrès de Londres, août 1913).

Exposé des Travaux scientifiques (Librairie Masson, 1913).

Désorientation et déséquilibration provoquées par le courant voltaïque (Bulletin médical, 5 novembre 1913).

Sur les mouvements conjugués (en collaboration avec Jarkowski. Société de Neurologie, 6 novembre 1913).

Désorientation et déséquilibration spontanées et provoquées par le courant voltaïque (Archives d'électricité médicale, 10 décembre 1913).

1914

Compression de la moelle par tumeur extra-dure-mérienne: paraplégie intermittente, opération extractive (en collaboration avec Enriquez et Jumentié. Société de Neurologie, 15 février 1914).

Contribution à l'étude des troubles mentaux dans l'hémiplégie organique cérébrale (anosognosie) (Société de Neurologie, 11 juin 1914).

1915

Sur les lésions des nerfs par blessures de guerre (Société de Neurologie, 7 janvier 1915).

De la paralysie radiale due à la compression du nerf par les béquilles. Association organo-hystérique (Société de Neurologie, 4 février 1915).

Lenteur de la secousse faradique Lenteur de la secousse tendino-réflexe. Fusion anticipée des secousses faradiques (Société de Neurologie, 4 mars 1915)

Réflexes de défense. Étude clinique (Revue neurologique, 15 mars 1915).

Névrite crurale paraissant due à une compression du nerf par bandage herniaire (Société de Neurologie, 18 mars 1915).

Quelques observations sur les lésions des nerfs (Société de Neurologie, 18 mars 1915).

Lésions du nerf crural. Abolition de l'excitabilité faradique et voltaïque du quadriceps crural. Guérison rapide (Société de Neurologie, 6 mai 1915).

Excitation faradique bilatérale de la plante du pied (Société de Neurologie, 6 mai 1915)

17

BABINSKI

Lésion spinale par éclatement d'obus à proximité sans blessure, ni
contusion (Syndrome de Brown-Séquard) (Société de Neurologie,
3 juin 1915).
De l'extension paradoxale de la main provoquée par la faradisation
unipolaire de la partie antéro-inférieure de l'avant-bras (Société de
Neurologie, 1er juillet 1915).
Troubles physiopathiques d'ordre réflexe. Association avec l'hystérie
(en collaboration avec Froment. Presse médicale, 9 juillet 1915).
Troubles nerveux consécutifs aux lésions des nerfs  Troubles nerveux
consécutifs aux lésions des centres nerveux  Accidents hystériques.
Troubles nerveux d'origine réflexe (Travaux des centres de neurologie) (en collaboration avec Froment. Revue de Neurologie,
juillet 1915).
Les modifications des réflexes tendineux pendant le sommeil chloroformique et leur valeur en sémiologie (en collaboration avec Froment. Académie de Médecine, 19 octobre 1915).
Sur une forme de contracture organique d'origine périphérique, sans
exagération des réflexes (Société de Neurologie, 4 novembre 1915).
Contribution à l'étude des troubles nerveux d'origine réflexe  Examen
pendant l'anesthésie chloroformique (en collaboration avec Froment. Société de Neurologie, 4 novembre 1915)

1916

Paraplégie et Hypotonie réflexes avec surexcitabilité mécanique
galvanique et faradique (en collaboration avec Froment  Académie
de Médecine, 11 janvier 1916).
Contractures et paraplégies traumatiques d'ordre réflexe (en collaboration avec Froment  Presse médicale, 24 février 1916).
Des troubles vaso-moteurs et thermiques d'ordre réflexe (en collaboration avec Froment. Société médicale des Hôpitaux, 2 mars
1916.)
Oblitérations artérielles et troubles vaso-moteurs d'origine réflexe ou
centrale. Leur diagnostic différentiel par l'oscillométrie et l'épreuve
du bain chaud (en collaboration avec Heitz. Société médicale des
Hôpitaux, 14 avril 1916)
Troubles nerveux d'ordre réflexe ou syndrome d'immobilisation (en
collaboration avec Froment  Société de Neurologie, 4 mai 1916).
Abolition du réflexe cutané plantaire et anesthésie associée à des
troubles vaso-moteurs et à de l'hypothermie d'ordre réflexe (Société
de Neurologie, 4 mai 1916).
Névrites irradiantes ou contracture d'ordre réflexe (en collaboration
avec Froment, Société médicale des Hôpitaux, 5 mai 1916).
Contractures et paralysies d'ordre réflexe (en collaboration avec
Froment. Revue neurologique, juillet 1916).

18

Hystérie et Pithiatisme (en collaboration avec Froment. Revue neurologique, juillet 1916).

Des paraplégies organiques (en collaboration avec Froment. Revue neurologique, juillet 1916)

Réformes. Incapacité et gratifications dans les névroses. Travaux des centres de neurologie (Revue neurologique, juillet 1916).

Lenteur de la secousse musculaire obtenue par percussion et sa signification clinique (Etude par la méthode graphique) (en collaboration avec Halbon et Froment Société de Neurologie, 29 juin 1916).

Des troubles moteurs et thermiques dans les paralysies et la contracture d'ordre réflexe (en collaboration avec Froment et Heitz. Annales de Médecine, septembre, octobre 1916).

Parésie réflexe de la main gauche Troubles vaso-moteurs et sudoraux bilatéraux (en collaboration avec Froment. Société de Neurologie, 9 novembre 1916).

Hyperthermie du membre supérieur après résection d'un anévrisme axillaire chez un blessé, présentant une paralysie complète du plexus brachial du même côté (en collaboration avec Heitz. Société médicale des Hôpitaux, 22 décembre 1916).

1917

Fusion anticipée des secousses faradiques dans les muscles de la plante des pieds (Société de Neurologie, 11 janvier 1917).

À propos de la communication du Dr. Bordier sur les réactions électriques d'hypothermie locale (Bulletin de l'Académie de Médecine, 13 février 1917).

À propos d'un cas de claudication intermittente par endartérite (en collaboration avec Heitz. Société de Neurologie, 3 mai 1917).

Paraplégie organique. Troubles vaso-moteurs au membre supérieur droit avec meiopragie et sans modification locale des réflexes osseotendineux (en collaboration avec Heitz. Société de Neurologie, 3 mai 1917).

Troubles physiopathiques d'ordre réflexe. Association avec l'hystérie. Évolution. Mesures médico-militaires (en collaboration avec Froment. Presse médicale, 9 juillet 1917).

Hypotonie et laxité articulaire dans les affections organiques et physiopathiques du système nerveux (en collaboration avec Froment. Société de Neurologie, 9 novembre 1917).

Le syndrome physiopathique (Revue de Neurologie, page 347, 1917).

1918

Hystérie-Pithiatisme et troubles nerveux d'ordre réflexe (en collaboration avec Froment. 1 volume chez Masson. 1re édition, 1917, 2e édition 1918).

Sur les troubles physiopathiques et réflexes (en collaboration avec
Froment  Annales de la Faculté de Médecine de Montevideo,
1917).
De la claudication intermittente après ligature de l'artère principale
du membre inférieur (en collaboration avec Heitz. Société de
Neurologie, 7 mars 1918).
Un cas de réflexe achilléen contro-latéral homogène (en collaboration
avec Moricand  Société de Neurologie, 11 avril 1918).
Nouveau cas de réflexe achilléen contro-latéral chez un homme porteur
d'un spina bifida occulta (en collaboration avec Moricand. Société
de Neurologie, 11 juillet 1918).
Les oblitérations artérielles traumatiques.  Du rétablissement de la
circulation après oblitération de l'artère principale d'un membre
(en collaboration avec Heitz.  Archives des maladies du coeur, des
vaisseaux et du sang, novembre 1918).
Anosognosie (Société de Neurologie, 5 décembre 1918)

1919

Les altérations artérielles traumatiques.  Des troubles que détermine
la lésion de l'artère dans les fonctions du membre blessé (en collaboration avec Heitz  Archives des maladies du coeur, des vaisseaux
et du sang, décembre 1919).

1920

Contribution à l'étude de l'anesthésie dans les compressions de la
moelle dorsale (en collaboration avec Jarkowski. Société de
Neurologie, 4 août 1920).
Raideur musculaire dans un cas de syndrome parkinsonien consécutif
à une encéphalite léthargique (en collaboration avec Jarkowski.
Société de Neurologie, 3 juin 1920).
Sur une forme de syncinésies dans l'hémiplégie organique (en collabora-
tion avec Jarkowski.  Société de Neurologie, 1er juillet 1920).
Étude des troubles moteurs dans un cas de choréo-athétose (en col-
laboration avec Jarkowski  Société de Neurologie, 1er juillet 1920).

1921

De la surréflectivité cutanée hyperalgésique (en collaboration avec
Jarkowski, Société de Neurologie, 3 février 1921)
Kinésie paradoxale. Mutisme parkinsonien (en collaboration avec
Jarkowski et Plichet  Société de Neurologie, 7 avril 1921).
Sur la section de la branche externe du spinal dans le torticolis spas-
modique (Société de Neurologie, 7 avril 1921).
Syndrome parkinsonien Traitement. Spasme facial post-encépha-
litique (Société de Neurologie, 7 avril 1921).

20

Hémisyndrome sympathique et médullaire à type irritatif, à évolution
intermittente et rythmée (en collaboration avec Jumentié    Revue
neurologique, 1ᵉʳ décembre 1921)

1922

Sarcome mélanique du cerveau à foyers multiples consécutifs à une
néoplasie de la choroïde de même nature (en collaboration avec
Jarkowski et Béthoux    Société de Neurologie, 12 janvier 1922).

Hyperalgésie et réactions hyperalgésiques dans l'hémiplegie cérébrale
(en collaboration avec Jarkowski.    Société de Neurologie, 2 février
1922).

Automatisme et hyperalgésie dans l'hémiplegie cérébrale (en collaboration avec Jarkowski.    Société de Neurologie, 9 mars 1922).

Torticolis spasmodique (en collaboration avec Krebs et Plichet.
Société de Neurologie, 9 mars 1922)

Réflexes de défense.    Conférence faite le 31 mai 1922 à la Société
Royale de Médicine de Londres, avec présentation de malades et
projections de films cinématographiques (Revue neurologique,
août 1922).

Syndrome parkinsonien fruste post-encéphalitique    Troubles res-
piratoires (en collaboration avec A Charpentier.    Société de
Neurologie, 9 novembre 1922).

1923

Sur le traitement des tumeurs juxta-médullaires (Réunion neurologique
internationale annuelle, 8 juin 1923)

Sur le traitement hydragyrique du tabes (Réunion neurologique
internationale annuelle, 8 juin 1923).

Sur le diagnostic des compressions spinales (en collaboration avec
Jarkowski.    Réunion neurologique internationale annuelle, 8 juin
1923).

1924

Sur l'éprouve du lipiodol comme moyen de diagnostic des compressions
de la moelle (Société de Neurologie, 7 février 1924).

De la section du spinal externe dans le torticolis spasmodique (Société
de Neurologie, 3 avril 1924).

Sur la valeur du phénomène des orteils dans la sclérose en plaques
(Réunion neurologique internationale annuelle, 30 mai 1924).

Quelques documents relatifs aux compressions de la moelle (en
collaboration avec Jarkowski.    Revue neurologique, 6 décembre
1924).

21

BABINSKI

1925

Quelques considérations sur l'interrogatoire ou clinique et les symptômes subjectifs (Réunion neurologique de Strasbourg, 11 janvier 1925)

Tumeur de l'angle ponto-cérébelleux Amélioration rapide à la suite d'une extirpation intra-capsulaire par morcellement (en collaboration avec de Martel Société de Neurologie, 5 mars 1925).

Syndrome cérébelleux (Bulletin de l'Académie de Médecine, 23 avril 1925).

Eloge de J. M. Charcot (Discours prononcé à la Sorbonne, 26 mai 1925)

1926

Paraplégie crurale par tumeur extra-dure-mérienne à la region dorsale. Opération Guérison (Sur l'épreuve du lipiodol) (en collaboration avec A. Charpentier et Jarkowski. Société de Neurologie, 2 decembre 1926).

1928

Hystérie. Pithiatisme À propos de la communication do MM. Tinel, Baruk ot Lamache intitulée Crise de catalepsie hystérique et rigidité décérébrée (Société médicale des Hôpitaux do Paris, 16 novembre 1928)

1929

Monoplégie crurale hypertonique, sans signes pyramidaux homolatéraux avec anesthésie homolatérale. Tumeur intramédullaire lombo-sacrée (en collaboration avec Jarkowski Société de Neurologie, 2 mai 1929).

1930

Réponse à Radovici Sur l'Hystérie (Société do Neurologie, 5 juin 1930).

22

# SIR VICTOR HORSLEY
## NEUROSURGEON

SIR VICTOR HORSLEY
1857–1916

# Biographical Sketch

Born in Kensington on April 14, 1857, Victor Alexander Haden Horsley matriculated at the University of London in January 1874. He was house-surgeon at the University Hospital in 1880–81, receiving both his M. B. and S. B. in 1881. He was elected to membership in the Royal College of Surgeons in 1880.

In 1883, after brief periods of study in Berlin and Leipzig, Horsley returned to England where he became Assistant Professor of Pathology at the University of London and Surgical Registrar to the University Hospital. At this time, he demonstrated the crusading zeal which was to characterize his entire life as he wrote a slashing paper "On the Evil Effects of Tobacco." He was elected a Fellow in the Royal College of Surgeons in mid-1883.

The following year he began his work with Schäfer and Beevor and was appointed Professor-Superintendent at the Brown Institution, a post he was to hold until succeeded by Sherrington in 1891. Now, his research was proceeding along three lines: (1) Localization of function in the brain, with particular reference to pathology of epilepsy and of canine chorea, (2) the thyroid gland, with special reference to myxodema and cretinism; (3) protective treatment against rabies. In these researches he worked with Semon, Speucer, and Gotch as well as with Schäfer and Beevor.

In 1885, he became Assistant-Surgeon to the University Hospital, London. In 1886, he became Surgeon to the National Hospital for the Paralyzed and Epileptic, Queen's Square, and Professor of Pathology at University College. From 1893 to 1900, he was "Full Surgeon" and from 1900 to 1906, "Surgeon in Charge of Hospital Beds" at University Hospital. Upon his retirement from these duties, Horsley became Consulting Surgeon.

A founding member of the Neurological Society of London in 1886, Horsley during that year developed and made use of homostatic wax during neurological procedures. He utilized the Listerian principles at this time and eventually established surgery of the nervous system on a secure basis.  He was elected a Fellow of the Royal Society in 1886

In 1887, after Gowers had made the diagnosis, Horsley successfully removed, for the first time in history, a tumor of the spinal cord  Of this Osler wrote: "It was perhaps the most brilliant operation in the whole history of surgery "  In 1888, he also attended the First Triennial Congress of American Physicians and Surgeons in Washington, and discussed "cerebral localization in its practical forms."  He defined the palliative treatment of trephining for inoperable cases of brain tumor.

By 1890, Horsley had performed 44 brain operations  Of these, 5 were for removal of cerebral cysts, 6 for decompression and 19 involved the spinal cord  In 6 of the latter, the spinal sheath had been opened. Of the 44 cases, there were 10 deaths almost all of them involving malignant tumors  There were no deaths from either the cyst removals or the decompression operations and only one in the spinal cord operations.

In 1890, Horsley suggested drainage of the subarachnoid spaces to benefit tuberculous and purulent meningitis cases  He also initiated his physiological studies on the brains of the higher primates, these in association with Beevor  He performed the first retrogasserian operation in 1891 and, with Dr. James Taylor, published his "Remarks on the Various Surgical Procedures Devised for the Relief of Trigeminal Neuralgia "  He also published his paper "On Craniectomy in Microcephaly" at this time.

New honor and appointments came to Horsley in the 1890–91 period.  He was elected Honorary Fellow of the American Surgical Association and accepted appointment as Fullerian Professor at the Royal Institution, resigning his post at the Brown Institution  He was also appointed Vice-Dean of the Medical Faculty, University College and was a founder of the Journal of Pathology (1891).

In 1892, Horsley investigated the locus of origin of epilepsy, and concluded that vascular changes are concomitant, not etiologic factors, in epileptic seizures  He also demonstrated in a suggestive fashion that nerve impulses involved in voluntary musuclar contractions emanate from the cerebral cortex  In 1894, the Royal Society awarded Horsley its Gold Medal for his investigations relating to the physiology of the nervous system and the thyroid gland.  He also received the Honorary Degree of Doctor of Medicine from the University of Halle (Germany).

In 1895, he became a corresponding member of the Société de Chirurgie de Paris and the Fothergill Prize was awarded him by the Medical Society of London for his work on the thyroid gland, with special reference to "Graves' Disease "  He was elected, without ballot, to membership of the Athenaeum.

Horsley resigned his appointment as Professor of Pathology, University College, in 1896. In the same year he was elected to the General Medical Council and was appointed to the Senate of the University of London. He gave the Hunterian Society Annual Lecture "On Torticollis" in 1897. In 1898, he succeeded Sir George Savage as President of the London Neurological Society and, in 1899, Horsley accomplished the first successful exposure of the pituitary.

He was elected Professor of Clinical Surgery, Royal College of Surgeons, in 1899. During this year he enunciated—for the first time since Galen—the idea for relief of intracranial hypertension through trepanation. In 1902, he published a clinical lecture on compression-paraplegia and corroborated the value of block removal of convexity hyperostosis. Knighthood was conferred upon Horsley by Edward VII in 1902.

In 1906, shortly after he gave the Address in Surgery to the British Medical Association meeting in Toronto, the University of Toronto conferred on Horsley the degree of Doctor of Laws. In this year, he became the first to attempt the removal of a pineal tumor. He also proved that large amounts of cerebellar tissue can be sacrificed without demonstrable loss of function

He was elected to membership in the Russian Surgical Society in 1907. In 1908, he aided R. H Clarke in building a stereotaxic instrument for the study of cerebral function. He also exposed the right pre-central and post-central gyti and, after removal of the pre-central gyrus, demonstrated that this removal abolished athetosis. His report of this operation, the Linacre Lecture of 1909, is a medical classic

In 1909, Horsley gave a notable clinical lecture "On Chronic Spinal Meningitis " He reported on twenty-one cases operated on without death even though—in each instance—the sheath of the spinal cord had been opened and irrigated with mercurial lotion. During the same year, he performed the first successful removal of a tumor of the sphenoid region

In the next several years, Horsley had numerous honors showered upon him. He was elected a foreign associate, French Academy of Medicine; a corresponding member, Royal Prussian Academy of Sciences; President of the Section on Surgery of the British Medical Association; member of the Royal Society of Science of Upsala, and Honorary Fellow of the Italian Society of Neurology In 1911, he received the first Lannelongue Prize of the Société de Chirurgie de Paris and in July 1914, the University of Aberdeen conferred the Doctor of Laws degree upon him. In 1916, he received the Order of the Bath.

HORSLEY

In 1916, after having been ordered to Egypt as a major in the Royal Army Medical Corps, he served as consultant to the British Expeditionary Force. He also saw service in India and Mesopotamia Horsley died of heat stroke at Amarah on July 16, 1916.

Endowed with rare intelligence and resourcefulness, Horsley's keen pursuit of knowledge, experimental vigor in the laboratory, and ingenuity in surgical technique, were foundations for brilliant achievements in physiological neurology An individualist of stimulating personality and strong principles, his life and work stamp him as the pioneer of neurologic surgery.

# Bibliography

## 1880

Arrest of development in the left upper limb, in association with an
extremely small right ascending parietal convolution. By H.
Charlton Bastian and Victor Horsley. Brain, April 1880.

## 1882

On 'Septic Bacteria' and their Physiological Relations. Appendix to
11th Annual Report of Local Government Board.
On the existence of Bacteria, or their Antecedents, in Healthy Tissues.
With Dr F. W. Mott. Journ. Phys., iii. 188
Articles 'Bacilli' and 'Zyme' in Quain's Dictionary of Medicine

## 1883

Note on the Patellar Knee-jerk. Brain, Oct. 1883
Four cases of injury to the brain in man, illustrating very exactly the
position of the cortical motor centres. Journ. Phys., iv., supplement, p. 5; Proc. Phys. Soc., Dec. 13, 1883.

## 1884

Case of Occipital Encephalocele in which a correct diagnosis was
obtained by means of the induced current. Brain, Pt xxvi, 1884.
On the existence of sensory nerves and nerve-endings in nerve-trunks,
true 'nervi nervorum' Proc. Roy. Med. Chir. Soc., N. S, i. 196.
See also Proc. Physiol. Soc, June 7, 1884
On Substitution as a means of restoring Nerve Function, considered
with reference to Cerebral Localisation. Lancet, July 5, 1884.
Consensual movements as aids in diagnosis of disease of the Cortex
Cerebri. Medical Times and Gaz., Aug. 16, 1884.
Annual Reports to the Committee of the Brown Institution.
1884–1890.

## 1885

The Thyroid Gland. its relation to the pathology of Myxoedema and Cretinism, to the question of the surgical treatment of Goitre, and to the General Nutrition of the Body. Brit. Med. Journ., Jan 17, 1885.

The Motor Centres of the Brain, and the Mechanism of the Will. Royal Institution Lecture, March 27, 1885.

Acute Septic Peritonitis. operation. recovery. Med. Times and Gaz., Sept. 26, 1885.

## 1886

Abstracts of Brown Lectures. two on the thyroid gland, three on epilepsy. Lancet, 1886, ii. 1163, 1211.

Brain Surgery. Address at Brighton. Brit Med. Journ., Oct. 9, 1886.

Epilepsy produced in guinea-pigs. Proc Med. Soc. Lond., 1886, x. 86.

(1) On the relation between the Posterior Columns of the Spinal Cord and the Excito-Motor Area of the Cortex, with especial reference to Prof. Schiff's views on the subject. (2) A further and final criticism of Prof. Schiff's experimental demonstration of the relation which he believes to exist between the Posterior Columns of the Spinal Cord and the Excitable Area of the Cortex. Brain, April and October, 1886.

Translation of Koch's monograph, 'On the Investigation of Pathogenic Organisms.': published in 'Recent Essays by various authors on Bacteria in relation to disease' Edited by W. Watson Cheyne London, New Sydenham Society, 1886.

On an apparently peripheral and differential action of Ether upon the Laryngeal Muscles. With Felix Semon Brit. Med Journ., Aug. 28 and Sept. 4, 1886.

A case of Suppuration of the Mastoid Cells With remarks on the prevention of septic embolism in such cases. Clin. Soc Trans., xix

## 1887

Notes on the pathology of inveterate Neuralgia of the Fifth Nerve illustrated by cases treated successfully by avulsion of the nerve close the the skull Trans. Odontol. Soc., June 1887.

Remarks on Ten Consecutive Cases of operations upon the brain and cranial cavity, to illustrate the details and safety of the method employed. Brit. Med Journ., April 23, 1887.

Trephining in the Neolithic Period Journ. Anthropol Inst , xvii. 100

Recherches Expérimentales sur L'Écorce Cérébrale des Singes, démontrées par une expérience actuelle devant la Société de Biologie do Paris. Par MM. Charles E Beevor et Prof. Victor Horsley. London, H. K Lewis (undated).

A Note on the means of Topographical Diagnosis of Focal Disease affecting the so-called Motor Area of the Cerebral Cortex  Amer Journ. Med. Sc., April 1887, pp. 342–69.

A Minute Analysis (Experimental) of the various movements produced by stimulating in the Monkey different regions of the Cortical Centre for the Upper Limb, as defined by Prof. Ferrier. With C E Beevor.  Phil Trans Roy. Soc , vol. 178, B, 1887

### 1888

Evidence before Parliamentary Committee on Pleuropneumonia and Tuberculosis in Cattle.

Note on some of the Motor Functions of certain Cranial Nerves, and of the three first Cervical Nerves, in the Monkey (Macacus sinicus). With C. E Beevor  Proc. Roy. Soc., xliv. 269.

A Record of Experiments upon the Functions of the Cerebral Cortex With E. A. Schäfer  Phil Trans Roy Soc , vol. 178, B, 1888

A further Minute Analysis by Electrical Stimulation of the so-called Motor Region of the Cortex Cerebri in the Monkey (Macacus sinicus)  With C. E Beevor  Phil. Trans. Roy Soc , vol. 179, B, 1888.

A case of Cerebral Abscess successfully treated by operation.  With Dr Ferrier.  Proc. Med. Soc. Lond., xi. 232.

A Case of Tumour of the Spinal Cord: removal: recovery.  With Dr. Gowers.  Trans. Roy Med Chir. Soc , lxvi

Reports on the outbreak of Rabies among Deer in Richmond Park during the years 1886–7.  With Mr A. C. Cope.  Eyre and Spottiswoode, 1888.

On Hydrophobia and its 'Treatment,' especially by the Hot-air Bath, commonly termed the Bouisson Remedy.  Brit. Med. Journ., June 9, 1888.

A Case of Paralytic Rabies in Man; with remarks  With Dr. J S. Bristowe.  Clin Soc. Trans , xvii.

A Case of Thrombosis of the Longitudinal Sinus, together with the Anterior Frontal Vein, causing localised foci of Haemorrhage which produced remarkably localised Cortical Epilepsy.  Brain, April 1888

### 1889

Die Functionen der Motorischen Region der Hirnrinde.  Deutsche Med. Wochenschrift, No. 38, 1889.

On Rabies; its treatment by M. Pasteur, and the means of detecting it in suspected cases.  Address to the Epidemiological Society  Brit. Med. Journ., Feb. 16, 1889.

HORSLEY

Report on the control of haemorrhage from the Middle Cerebral
Artery and its branches by compression of the Common Carotid.
With Walter G Spencer.  Brit. Med. Journ., March 2, 1889

On the value of Differences observed in the Temperature of the two
sides of the body, as symptomatic of cerebral lesions  Brit. Med
Journ, June 22, 1889

Ein Fall von Rueckenmarksgeschwulst mit Heilung durch Exstirpation.
Von Dr W R. Gowers und Victor Horsley  Uebersetzt und den
Mitgliedern der Deutschen Gesellschaft fur Chirurgie bei dem 18.
Congress gewidmet bei Dr. Bernhard Brandis.  Berlin, Hirschwald,
1889

On the Central Motor Innervation of the Larynx.  With Felix Semon.
Brit Med Journ., Dec. 21, 1889.

1890

On the relations of the Larynx to the Motor Nervous System  With
Felix Semon  Deutsch. Med. Wchnschr, 1890, No. 31.

Du Centre Cortical Moteur Laryngé et du Trajet Intra-Cérebral des
Fibres qui en emanent. With Felix Semon. Ann des Mal de
l'Oreille et du Larynx, xvi.

An Experimental Investigation of the Central Motor Innervation of
the Larynx  With Felix Semon. Phil. Trans. Roy. Soc., vol 181,
B 52, 1890.

An Experimental Investigation into the Arrangement of the Excitable
Fibres of the Internal Capsule of the Bonnet Monkey (Macacus
sinicus). With C. E Beevor  Phil. Trans Roy. Soc., vol. 181 B
52, 1890.

A Record of the Results obtained by Electrical Excitation of the
so-called Motor Cortex and Internal Capsule in an Orang-outang
(Simia satyrus). With C. E Beevor  Phil. Trans Roy. Soc, vol.
181, B. 1890

Sur la chirurgie du système nerveux central.  Translation of Horsley's
address at Int. Med. Congress in Berlin  Mercredi Médical,
Aug 27, 1890.

Note on a possible means of arresting the progress of Myxoedema,
Cachexia strumipriva, and allied diseases. Brit. Med Journ,
Feb. 8, 1890.

1891

On the Analysis of Voluntary Movement. Nineteenth Century,
June, 1891.

Ueber den Gebrauch der Elektricität für die Localisirung der Errgung-
gserscheinungen im Centralnervensystem  With Francis Gotch.
Centralbl f Phys., Jan 31, 1891.

On the Mammalian Nervous System, its Functions, and their Localisation determined by an Electrical Method. The Croonian
Lecture for 1891. With Francis Gotch. Phil. Trans. Roy. Soc.,
1891.

Die Function der Schilddrüse: eine historisch-kritische Studie.
Contributed to the Virchow Festschrift, Bd. i

Remarks on the various surgical procedures devised for the relief or
cure of Trigeminal Neuralgia (Tic-douloureux). With James
Taylor and Walter S Colman. Brit Med Journ., Nov. 28,
Dec. 5, Dec. 12, 1891.

On a Case of Traumatic Abscess in the neighbourhood of the left
angular gyrus, with right hemianopsia and word-blindness, treated
by operation. With C. E. Beevor. Trans Ophthalmol Soc, xii.

On the Changes produced in the Circulation and Respiration by increase of the Intra-cranial Pressure or Tension. With Walter
Spencer. Phil Trans. Roy. Soc., vol. 182, B, 1891.

The Structure and Functions of the Brain and Spinal Cord   Fullerian Lectures for 1891   London, Griffin and Co , 1892

## 1892

Topographical Relations of the Cranium and Surface of the Cerebrum. Royal Irish Academy· Cunningham Memoirs, Dublin,
1892, vol. vii, pp 306–55.

## 1893

Introduction to "The Chemistry of the Blood; and other Scientific
Papers by the late L. C. Woolridge. Arranged by Victor Horsley
and Ernest Starling " London, Kegan Paul, 1893.

A Clinical Lecture on Paraplegia as a result of Spinal Caries (Compression-Myelitis) and its Treatment   Clin Journ , March 15,
1893

The Surgical Treatment of Nervous Diseases. A Post-Graduate
Lecture   Med. Press and Circular, April 5, 1893.

The Discovery of the Physiology of the Nervous System.  Address
at meeting in Nottingham of the British Association. Med
Press and Circular, Sept. 27, 1893

Discussion on the Treatment of Cerebral Tumours   Address at
Newcastle. Brit. Med. Journ , Dec. 23, 1893.

## 1894

A further Minute Analysis by Electrical Stimulation of the so-called
Motor Region (Facial Area) of the Cortex Cerebri in the Monkey
(Macacus sinicus)  With C. E Beevor. Phil Trans. Roy. Soc.,
vol. 185, B, Pt. i., 1894.

On the Mode of Death in Cerebral Compression, and its Prevention.
Quarterly Medical Journal, July 1894.
The Destructive Effects of Projectiles.  Royal Institution Lecture,
April 6, 1894.

### 1895

The Differential Diagnosis of Cerebral Tumours, with some remarks
on treatment.  Clin Journ, Feb 13, 1895.
Five cases of Leontiasis Ossium, in three of which the disease was
removed by operation  Practitioner, July 1895
The Results of Operative Treatment of Injury or Disease of the
Cervical Vertebrae.  Lancet, Aug. 17, 1895.
Introductory Address delivered at the opening of the winter session
of the Sheffield School of Medicine  Quarterly Med  Journ ,
Oct. 1895

### 1896

Traumatic Neurasthenia  A lecture at Univ. Coll. Hosp  Clin
Journ., March 4, 1896.  See also Proc. Med Soc Lond , xx  216
The duties and functions of the General Council of Medical Educa-
tion and Registration.  Med. Magazine, v. 109.

### 1897

On the Diseases of the Spinal Cord requiring Surgical Treatment
Clin. Journ., Jan. 13, 1897
On the relations between the Cerebellar and other Centres (namely,
Cerebral and Spinal) with especial reference to the action of
antagonistic muscles  With Dr Max Lowenthal.  Proc. Roy.
Soc , vol lxi , 1897

Torticollis.  Clin. Journ., June 30, 1897.

On the effects produced on the circulation and respiration by
Gunshot Injuries of the cerebral hemispheres.  With Dr. S. P.
Kramer.  Phil. Trans. Roy. Soc., series B, vol 188, 1897

Short note on Sense-organs in Muscle; and on the preservation of
Muscle-spindles in conditions of extreme muscular atrophy, following section of the motor nerve  Brain, Pt. lxxix,. 1897.

Das Sauerstoffbedurfniss des Organismus  Münch Med. Wochenschrift No 19, 1897

Methylenblaufärbung der Blutkörperchen.  Münch. Med. Wochenschrift, No. 23, 1897.

### 1898

A Contribution towards the Determination of the Energy developed
in a Nerve Centre.  Presidential Address to the Neurological
Society.  Brain, Pt lxxxiv., 1898.

On the Excitable Fibres of the Crus Cerebri. With Dr C. E. Beevor.
Fourth International Physiological Congress, Cambridge Journ
Phys., xxiii

On Penetrating Wounds of the Central Nervous System Clin.
Journ., xii. 261.

The true interpretation to be placed on the Medical Acts Suppl to
Clin. Journ , Feb 9, 1898.

On the work of the General Medical Council Abstract of Address
to the Manchester Medico-Ethical Association. Lancet, Dec. 24,
1898.

### 1899

Roman Defences of South-East Britain. Royal Institution Lecture,
Feb 3, 1899.

On Injuries to Peripheral Nerves Practitioner, Aug. 1899.

On the rational treatment of Goitre. Address to the North-West
London Clinical Society, Oct. 27, 1898. Clin. Journ , March 8,
1899.

### 1900

The Effect of Alcohol on the Human Brain. Lees and Raper Memorial Lecture. See Brit. Journ. Inebriety, iii. 69.

### 1901

A Study of the Degenerations observed in the Central Nervous
System in a case of Fracture Dislocation of the Spine With Dr.
F. H Thiele. Brain, Pt. xcvi., 1901.

### 1902

On the Pallio-tectal or Cortico-mesencephalic System of Fibres.
With Dr. C. E. Beevor. Brain, Pt. c , 1902

### 1903

The Purposes and Maintenance of our Universities. Address at
Birmingham. Birmingham. Birmingham Medical Review, October 1903.

### 1904

On Tactile Sensation Practitioner, lxxiii, 581

Evidence before Parliamentary Committee on Physical Deterioration.

### 1905

On the Intrinsic Fibres of the Cerebellum, its Nuclei, and its Efferent
Tracts. With R H Clarke. Brain, Pt. cix , 1905.

On a Trigeminal-Aural Reflex in the Rabbit. Brain, Pt cix., 1905

An Address on Haemorrhoids.   Clin. Journ., Feb. 15, 1905.
The Cerebellum: its relation to Spatial Orientation and to Locomotion.
  The Boyle Lecture for 1905.   Bale, Sons, and Danielsson, London,
  1906.

### 1906

Note on the Taenia Pontis.   Brain, 1906.
Upon the Orientation of Points in Space by the muscular, arthroidal,
  and tactile senses of the upper limbs, in normal individuals and
  in blind persons.   With Dr. R. Townley Slinger   Brain, Pt.
  Pt. cxiii., 1906.
Note on apparent Re-representation, in the Cerebral Cortex, of the
  type of Sensory Representation as it exists in the Spinal Cord.
  With Dr. Colin K. Russel.   Brain, Pt. cxiii, 1906.
On Dr. Hughlings Jackson's Views of the Functions of the Cerebellum,
  as illustrated by Recent Research.   The Hughlings Jackson Lec-
  ture for 1906.   Brain, Pt. cxvi., 1906; Brit. Med. Journ., 1907, 1.
  803.
On the technique of Operations on the Central Nervous System.
  Address in Surgery, Toronto.   Brit. Med. Journ., Aug. 25, 1906;
  Lancet, 1906, ii. 484.
Address on Temperance: given in Toronto.   Medical Temperance
  Review, October, 1906.

### 1907

Alcohol and the Human Body.   With Dr Mary Sturge.   Macmillan,
  London, 1907.   Fifth edition, 1915.
Evidence before the Royal Commission on Experiments on Animals

### 1908

Note on the existence of Reissner's Fibre in Higher Vertebrates.
  Brain, Pt. cxxi, 1908.
The Structure and Functions of the Cerebellum examined by a New
  Method.   With R H. Clarke.   Brain, Pt. cxxi , 1908.
The Operative Treatment of Optic Neuritis.   Address at Oxford.
  Ophthalmoscope, Sept. 1908.

### 1909

Description of the Brain of Mr. Charles Babbage, F. R. S.   Phil.
  Trans Roy. Soc., Series B, vol. 200, pp. 117-31, 1909.
A Clinical Lecture on Chronic Spinal Meningitis: its Differential
  Diagnosis and Surgical Treatment.   Brit. Med. Jour., 1909, i. 513.
  Translated in Journ. de. Méd. et de Chir. Prat., June 10, 1909.
Alcohol and the National Life.   An address at Whitefield's Taber-
  nacle, Jan. 1909.

The Cerebellum. The Cavendish Lecture. West. London Med. Journ , 1909.

The Function of the so-called Motor Area of the Brain. The Linacie Lecture. Brit. Med. Journ , July 17, 1909. Reprinted: British Medical Association, London, 1909.

### 1910

The Mesencephalic Root of the Fifth Nerve. With Dr Otto May. Brain, October, 1910.

Die chirurgische Behandlung der intrakraniellen Geschwulste, im Gegensatz zu der abwartenden Therapie betrachtet. Vortrag, gehalten auf der 4. Versammlung der Gesellschaft Deutscher Neivenarzte am 6 Oktober, 1910. Deutsche Ztschr. f. Neivenh., 1911, xli. 91. Also publ in English.

The Topographical Diagnosis of Tumours of the Cerebral Hemisphere. University College Hospital Magazine, i. I, June 1910.

A Paper on Optic Neuritis, 'Choked Disc,' or 'Papilloedema.' Address at Belfast. Brit Med Journ , March 5, 1910. Reprinted British Medical Association, London, 1910.

### 1911

Preliminary Note on experimental investigations on the Pituitary Body. With Dr. Handelsmann. Brit. Med Journ , Nov. 4, 1911.

On some of the biological and statistical errors in the work on Parental Alcoholism by Miss Elderton and Professor Karl Pearson, F. R. S. With Dr. Mary Sturge. Brit. Med. Journ., Jan. 14, 1911.

Factors which conduce to success in the treatment of otogenic Brain-abscess. Proc. Roy. Soc. Med., 1911–12, v , Otol. sect., pp. 45–72.

### 1912

Preliminary Report on the Forcible Feeding of Suffrage Prisoners. With Agnes F. Savill, M. D., and C. W. Mansell Moullin, F. R. C. S. Lancet, Aug. 24, 1912

### 1914

Evidence before the Royal Commission on Venereal Diseases.

Present-day lessons from the life-work of Mitchell Banks. The Sir William Mitchell Banks Memorial Lecture Medical Press, Oct. 14, 1914.

On the Reform of the Vital Statistics of the Nation. Brit. Med. Journ., Nov. 7, 1914.

### 1915

The Brotherhood Movement and the War. Brotherhood Journal, April, 1915.

HORSLEY

On the Alleged Responsibility of the Medical Profession for the reintroduction of the Rum Ration into the British Army.   Brit. Med. Journ , Jan 30, 1915.
Remarks on Gunshot Wounds of the Head.   Brit. Med. Journ., Feb. 20, 1915; and Proc. Med. Soc  Lond., 1915.

# SIR CHARLES SHERRINGTON
## NEUROPHYSIOLOGIST

SIR CHARLES SHERRINGTON
1857–1952

# Biographical Sketch

Charles Scott Sherrington was born in London on November 27, 1857. Educated at Queen Elizabeth's School in Ipswich, he matriculated in 1881 at Cambridge University where he was admitted to Gonville and Caius College. He engaged in research during his undergraduate years and published his first paper, written with J. N. Langley, in 1884. His research activities did not, however, encroach upon his other academic work for he took his first examination in two of the tripos (honor examinations) with distinction and was awarded the Shuttleworth Scholarship in 1883.

He received his B. A. from Cambridge in 1884, studying at the University's St. Thomas Hospital. In the same year, he received an additional honor—that of being elected a Lewes Student. After securing his M. B. in 1885, he accompanied C. S. Roy to Spain to assist in a study of cholera. During that year (1885) he was also elected to membership in the Royal College of Surgeons and in the Physiological Society.

In 1886, Sherrington's initial interest in pathology took him to Berlin where he worked with Virchow and, subsequently, with Koch In 1887, he ws awarded the Thurston Triennial Prize at Cambridge for his work in physiology, and was elected a Fellow of Caius College. Returning to London, he was made lecturer in systematic physiology at St. Thomas' Hospital.

In 1891, he succeeded Sir Victor Horsley as Professor-Superintendent at the Brown Institution for Advanced Physiological and Pathological Research. He received his M. D. in the following year and, in 1893, was elected Fellow of the Royal Society.

Although pathology was his original interest, the influence and guidance of Foster and Langley aroused in Sherrington a passion for neurophysiology which was to remain with him for his entire life During the last decade or so of the 19th century, he made a number of contributions to neurophysiological literature. These included studies on the optic nerve of the rabbit, eye movements, ganglion cells in the mammalian spinal cord, pilomotor nerves, the cervical portion of the sympathetic system of the monkey, the nerve-supply to the bladder and anus, dichotomous branching of medullated fibres in brain and spinal cord, and the influence of sensory nerves on movement and nutrition of the limbs.

Further work on the spinal roots followed at intervals, until he was able to outline completely the whole somatic sensori-motor segmental innervation of the monkey  This work led to the analysis of many involved mechanisms of the spinal cord, and brought to light the main framework for the present-day concepts of spinal reflex physiology.  Spinal shock was first described and thoroughly investigated in the monkey.  The laws observed in spinal reflex action, as stated by Pflüger, were elaborated and corrected.  Study of the correlation of action of antagonistic muscles led Sherrington to coin the term "reciprocal innervation."  Much of this work was summarized in the Croonian Lecture "The Mammalian Spinal Cord as an Organ of Reflex Action," (1897) and two years later, in the Marshall Hall Prize Address, "On the Spinal Animal."

From 1895 to 1913, Sherrington held the Chair of Physiology in the University of Liverpool.  In 1905, he delivered the Silliman Lectures at Yale, published in 1906 under the title, *The Integrative Action of the Nervous System*.  Through his painstaking study and careful analysis of experimental observations, Sherrington conceived hypotheses for neuronal organization which he gradually improved and converted into abiding physiological principles.

Sherrington's research led to important discoveries relating to the physiology of the cerebral cortex and cerebral localization.  His work with Grünbaum disproved the conclusions of Horsley and Beevor who had actually initiated Sherrington into studies on the brain of anthropoid apes  Using weak unipolar stimulation, Sherrington and Grünbaum showed that stimulation of the postcentral gyrus with a stimulus strength that barely elicits a movement when applied to the precentral gyrus will act to reinforce the excitation to precentral motor responses.

Sherrington wrote extensive chapters on the nervous system for the 2nd Volume of Schafer's *Textbook of Physiology* in 1900, as well as for Foster's *Textbook of Physiology* in 1898.  He wrote at length on the general anatomy and physiology of the nervous system for Allchin's *Manual of Medicine* and contributed several chapters to the *Encyclopedia Britannica* and to *A Manual of School Hygiene* by E. W. Hope, E W Brown, and S. C. Sherrington.  The latter work was published in 1913.

Sherrington accepted the Chair of Physiology at Oxford in 1913  From 1914 to 1917, he was Fullerian Professor of Physiology at the Royal Institution.  During the First World War, with nearly all of his assistants serving with the armed forces, his contributions to scientific research were at ebb tide. Too old to enter the Royal Army Medical Corps, he devoted much of his time to work in the laboratory and at the hospitals He also found time to serve as "an unskilled workman" in a munitions factory for 18 months He was a member of the War Office board on Tetanus in 1916 and 1917, and was chairman of the Industrial Fatigue Research Board in 1918.

In 1919, with E G T Liddell, he published his treatise *Mammalian Physiology, A Course in Practical Exercises* In 1922, in recognition of his great contributions to medicine and to his country, he was knighted by George V. In 1920, he was elected President of the Royal Society, serving in that capacity until 1925.

From 1925 to 1934, Sherrington was a member of the Medical Research Board, and from 1926 to 1934, he was editor of the *Journal of Physiology*. In 1927, he delivered the Inaugural Address at the opening of the Biological Building of McGill University and the Dunham Lectures at the Harvard Medical School

In 1932, with E D Adrian, Sherrington received his greatest tribute—the Nobel Prize for Medicine. In the same year, *Reflex Activity of the Spinal Cord* was published in association with Creed, Denny-Brown, Eccles and Liddell. While at the height of his powers and while known prominently throughout the scientific world, Sherrington retired from Oxford in 1936.

*Man and His Nature* the subject of Sherrington's Gifford Lectures in 1937 and 1938—was published in 1940. His new edition of *The Integrative Action of the Nervous System* was published in 1947 and, in 1949, came his interpretative study, *The Endeavour of Jean Fernel* In these three works, Sherrington made his mark as a philosopher as well as a brilliant historical scholar.

On March 4, 1952, this brilliant many-faceted man died in Eastbourne, England, after a prolonged ordeal with crippling arthritis. An eminent and thoughtful man of science, he had progressed from the laboratory analysis of the integrative processes of the nervous system to a profound understanding of the meaning of life itself. In this process, he had established a new school of neurophysiological thought. The poetic insight and harmony of his personal nature and the scope and depth of his investigative career have helped to ennoble all neurological endeavor In 1957, the Royal Society of Medicine paid tribute to Sherrington's life and work by raising a fund to be used for a Sherrington Lecture to be delivered from time to time in the society's rooms in London.

# Bibliography


## 1884

On sections of the right half of the medulla oblongata and of the spinal
cord of the dog which was exhibited by Prof. Goltz at the International Medical Congress of 1881 (with J N Langley [1])    Proc.
Physiol. Soc., J. Physiol, 1884 (Jan.), v, vi.

Secondary degeneration of nerve tracts following removal of the cortex of the cerebrum in the dog (with J. N. Langley [1]).    J. Physiol.
1884 (June), v, 49–65, pl. 1–2.

## 1885

On secondary and tertiary degenerations in the spinal cord of the dog.
J. Physoil. 1885 (Apr.), vi, 177–91, pl. 4–5.

## 1886

Preliminary report on the pathology of cholera Asiatica (as observed
in Spain, 1885) (with C. S. Roy [1] and J. Graham Brown [2]).
Proc. roy. Soc  1886 (10 June), XLI, 173–81.

Effect of ligature of the optic nerve in a rabbit.    Proc Physiol. Soc.,
J. Physiol., 1886 (May), VII, XVI–XVII.

On a case of bilateral degeneration in the spinal cord, fifty-two days
after hemorrhage in one cerebral hemisphere (with W. B. Hadden
[1])    Brain, 1886 (Jan.), VII, 502–11, pl. I.

Note on two newly described tracts in the human spinal cord.  Brain
1886 (Oct.), IX, 342–51, pl. I.

## 1887

Note on the anatomy of Asiatic cholera as exemplified in cases occurring in Italy in 1886.   Proc. roy Soc  1887 (16 June), XLII, 474–7.

## 1888

The pathological anatomy of a case of locomotor ataxy, with special
reference to ascending degenerations in the spinal cord and medulla

oblongata (with W. B. Hadden [1]).   Brain, 1888 (Oct.), XI, 325–35, pl. 1.

### 1889

On nerve-tracts degenerating secondarily to lesions of the cortex cerebri (Preliminary).   J. Physiol. 1889, X, 429–32.

On formation of scar-tissue (with C. A. Ballance).   J. Physiol. 1889 (Oct), X, 550–76, pl. 31–3.

### 1890

Note on bilateral degeneration in the pyramidal tracts resulting from unilateral cortical lesion   Brit med. J. 1890 (4 Jan.), 1, 14

On outlying nerve-cells in the mammalian spinal cord (Preliminary note).   Proc. roy. Soc 1890, XLVII, 144–6.

On the regulation of the blood-supply of the brain (with C. S. Roy [1])   J. Physiol 1890, XI, 85–108, pl 2–4.

Addendum to note on tracts degenerating secondarily to lesions of the cortex cerebri.   J. Physiol 1890, XI, 121–2.

Über die Entstehung des Narbengewebes, das Schicksal der Leucocyten und die Rolle der Bindegewebskoperchen (with C. A. Ballance). Zbl allg Path. Anat. 1890 (Oct.), 1, 697–703.

A method to determine the quantity of blood in a living animal (with S M. Copeman [1]).   Proc Physiol. Soc., J. Physiol., 1890 (May), XI, vii–ix.

The effect of movements of the human body on the size of the spinal canal (with R. W. Reid [1]).   Brain, 1890, XII, 449–55.

Further note on degenerations following lesions of the cerebral cortex   J Physiol. 1890, XI, 399–400.

Demonstration of ganglion cells in the mammalian spinal cord.   Proc. Physiol Soc, J. Physiol, 1890 (Dec.), XII, xxxiv.

### 1891

On pilo-motor nerves (with J. N Langley [1]).   J. Physiol. 1891, XII, 278–91.

Note on Cheyne-Stokes breathing in the frog.   J Physiol 1891, XII, 292–8, pl 7

Note on some functions of the cervical sympathetic in the monkey Brit med J. 1891 (21 Mar.), 1, 635.

Note on the nerve supply of the bladder and anus. Brit med. J. 1891 (9 May), 1, 1016

Note on the knee-jerk.  St Thom. Hosp. Rep. 1891, XXI, 145–7.

On outlying nerve-cells in the mammalian spinal cord.  Philos. Trans. (1890), 1891, CLXXXIb, 33–48, pl. 3–4.

## 1892

The nuclei in the lumbar cord for the muscles of the pelvic limb   Proc.
Physiol Soc., J Physiol., 1892 (15 Feb.), XIII, viii–x.

Note toward the localisation of the knee-jerk.  Brit. med. J 1892, I,
545; Addendum to note on the knee-jerk.  Ibid. (26 Mar.), 654.

Geminal nerve-fibres.  Dichotomous branching of medullated fibres
in the brain and spinal cord.  Proc Physiol. Soc., J. Physiol , 1892,
XIII, xxi–xxii.

Notes on the arrangement of some motor fibres in the lumbo-sacral
plexus.  J Physiol. 1892, XIII, 621–772, pl. 20–3.   (Preliminary
note in Proc roy Soc. 1892 (14 Mar.), LI, 67 78.)

On varieties of leucocytes   Zbl. Physiol 1892, VI, 399

Sulla localizzazione del riflesso rotuleo   G Accad. Med. Torino, 1892
(Dec.), XL, 951–9.

In memoriam W. B. Hadden, M. D. (Lond.), F R. C. P. St Thom.
Hosp. Rep. 1892, XXII, xix–xxi (unsigned).

Experiments in examination of the peripheral distribution of the fibres
of the posterior roots of some spinal nerves (Preliminary note)
Proc. roy. Soc. 1892 (2 Dec.), LII, 333–7 (full report 1894).

Experiments on animals (concerning the sensitiveness of the peri-
toneum, a polemic with Lawson Tait.)  Lancet, 1892 (Dec 17),
II, 1416–17; Experiments on living animals.  Ibid. (31 Dec.), 1533;
third letter Ibid  1893 (28 Jan ), I, 221

## 1893

Variations experimentally produced in the specific gravity of the blood.
J Physiol. 1893 (Jan ) XIV, 52–96, pl 4 (with S. M. Copeman).

Note on the knee-jerk and the correlation of action of antagonistic
muscles.  Proc roy. Soc. 1893 (Feb.), LII, 556–64.

Further experimental note on the correlation of action of antagonistic
muscles.  Proc. roy. Soc. 1893 (15 Apr.), LIII, 407–20.   Abstr
bearing same title Brit med. J 1893 (10 June), I, 1218.

Experimental note on the knee-jerk   Brit. med. J. 1893 (23 Sept ),
II, 685; also St. Thom Hosp. Rep. (1891), 1893, XXI, 145–7.

Note on the spinal portion of some ascending degenerations.  J.
Physiol. 1893 (Sept.), XIV, 255–302, pl. 13–18.

Remarks on L A. Bidwell's paper "Focal epilepsy; trephining and
removal of small hemorrhagic focus; no improvement; removal of
part of leg centre after electrical stimulation; improvement."
Brit. med. J. 1893 (4 Nov ), II, 989.

Note on some changes in the blood of the general circulation consequent
upon certain inflammations of an acute local character.  Proc. roy.
Soc. 1893 (11 Dec.), LIV, 487–8 (full report, 1894).

Experiments on the escape of bacteria with the secretions. J. Path.
Bact 1893 (Jan.), 1, 258–78.
Sur une action inhihitrice de l'écorce cerebrale. Rev. neurol. 1893, i,
318–19.

### 1894

Note on experimental degeneration of the pyramidal tract  Lancet,
1894 (3 Feb.), 1, 265. [Polemic reply by Horsley (10 Feb.), 370–1];
Second note by C. S. S. (17 Feb.), 439; Third note by C. S S. (3
Mar.), 571.
Experimental note on two movements of the eye  J Physiol. 1894
(19 July), XVII, 27–9
On the anatomical constitution of the nerves of muscles.  Proc.
Physiol Soc , J. Physiol. 1894 (23 June), XVII, xix–xx
On the anatomical constitution of nerves of skeletal muscles; with
remarks on recurrent fibres in the ventral spinal nerve-root.  J.
Physiol. 1894, XVII 211–58, pl. 5–7.
Note on some changes in the blood of the general circulation conse-
quent upon certain inflammations of an acute local character.
Proc. roy. Soc. 1894, LV, 161–207
Experiments in examination of the peripheral distribution of the fibres
of the posterior roots of some spinal nerves.  (1) Philos. Trans.
(1893), 1894, CLXXXIVb, 641–763, pl. 42–52.

### 1895

Experiments upon the influence of sensory nerves upon movement
and nutrition of the limbs (with F. W. Mott [1]).  Preliminary
communication.  Proc. roy. Soc. 1895 (7 Mar.), LVII, 481–8.
Varieties of leucocytes. Sci Progr. Twent. Cent. 1895 (Feb.), II,
415–30.

### 1896

A note on the physiology of the spinal cord.  St Thom Hosp. Rep.
(1894), 1896, XXIII, 69–76
Influence of simultaneous contrast on 'flicker' of visual sensation.
Proc. Physiol Soc., J. Physiol., 1896 (14 Nov.), XX, xviii–xix.
Committee report on the life condition and infectivity of the oyster
(with W. A. Herdman and others)  Brit. Ass. Rep. 1896, 663;
1897, 363; 1898, 559–62

### 1897

Catalepoid reflexes in the monkey.  Proc. roy. Soc. 1897 (21 Jan.),
LX, 411–14; also Lancet, 1897 (6 Feb.), 1, 373–4.
Experiments in examination of the peripheral distribution of the
fibres of the posterior roots of some spinal nerves.  (Preliminary

abstract.)   Proc. roy Soc. 1897 (21 Jan ), LX, 408–11 (full report 1898).

On reciprocal innervation of antagonistic muscles.   Third note Proc. roy. Soc 1897 (21 Jan.), LX, 414–17.

On reciprocal action in the retina as studied by means of some rotating discs.   J. Physiol. 1897 (5 Feb.), XXI, 33–54.

Double (antidrome) conduction in the central nervous system. Proc. roy. Soc. 1897 (8 Apr ), LXI, 243–6.

Further note on the sensory nerves of muscles.   Proc. roy. Soc. 1897 (8 Apr.), LXI, 247–9.

On the question whether any fibres of the mammalian dorsal (afferent) spinal root are of intraspinal origin.   J. Physiol 1897 (Mar.), XXI, 209–12.

The central nervous system, vol. 3 (with M. Foster [II]).   Sir Michael Foster's 'A Text Book of Physiology,' 7th ed., London, 1897.   (In the 5th ed., 1890, 'Mr. Langley' and 'Dr. Sherrington' 'largely assisted' Foster in the preparation of the volume.)

The mammalian spinal cord as an organ of reflex action.   Croonian Lecture  Proc roy. Soc. 1897, LXI, 220–1. (Abstract.  Published in extenso as Section IV of Experiments in examination, etc., Philos. Trans. 1898, CXCb, 45–186.)

Über Hemmung der Contraction willkürlicher Muskeln bei elektrischer Reizung der Grosshirnrinde (with H E. Hering I).  Pflüg. Arch. ges. Physiol. 1897, LXVIII, 221–8.

Antagonistic muscles and reciprocal innervation (with H E. Hering). Fourth note.  Proc. roy. Soc 1897 (18 Nov.), LXII, 183–7.

The activity of the nervous centres which correlate antagonistic muscles in the limbs.   Rep. Brit. Ass. 1897, 516–18.

Observations on visual contrast   Rep Brit. Ass. 1897, 824–6.

Committee report on the physiological effects of peptone and its precursors when introduced into the circulation (with E A. Schäfer and others).   Brit. Ass. Rep 1897, 531; 1898, 720; 1899, 605; 1900, 457; 1904, 342.

Committee report on the functional activity of nerve cells (with W. H Gaskell and others).   Brit. Ass. Rep. 1897, 512; 1898, 714–15.

### 1898

Experiments in examination of the peripheral distribution of the fibres of the posterior roots of some spinal nerves.   (II) Philos. Trans. 1898, CXCb, 45–186, pl. 3–6 (rec. 12 Nov., 1896; read 21 Jan. 1897).   Also Thomp. Yates Lab. Rep. 1898, 1, 45–173

Decerebrate rigidity, and reflex co-ordination of movements.   J. Physiol. 1898 (17 Feb.), XXII, 319–32.

Cardiac physics.   In Allbutt, System of Medicine, New York and

London, 1898, V, 464–79 (2nd ed. revised by J Mackenzie, 1909, VI, 3–25).

Further note on the sensory nerves of the eye-muscles. Fifth note. Proc roy. Soc. 1898 (15 Dec ), LXIV, 179–81.

### 1899

The teaching of physiology and histology. Brit med. J 1899 (8 Api.), 1, 878.

On the spinal animal (Marshall Hall Lecture) Med -chir. Trans. 1899 (23 May), LXXXII, 449–77, pl. 13–17. Abstract. Brit med. J. 1899 (27 May), 1, 1276; Lancet, 1899 (27 May), 1, 1433; Thomp. Yates Lab Rep 1898, 1, 27–44.

Tremor, 'tendon-phenomenon,' and spasm In Allbutt, System of Medicine, 1899, VI, 511–24 (2nd ed , 1910, VII, 290–309).

On the relation between structure and function as examined in the arm. (Inaugural address.) Trans Lpool biol. Soc. 1899, XIII, 1–20.

Inhibition of the contraction of voluntary muscles by electrical excitation of the cortex cerebri (with H E Hering [I]). J. Physiol 1899, XXIII (Suppl. Rep. Internat. Congress), 31.

On the innervation of antagonistic muscles. Sixth note Proc. roy. Soc. 1900 (18 Jan.), LXVI, 66–7. (Thomp. Yates Lab. Rep. 1899, 1, 175–6).

### 1900

Experiments on the value of vascular and visceral factors for the genesis of emotion. Proc. roy. Soc. 1900 (10 May), LXVI, 890–403; Abstract, Brit. med J. 1900 (14 July), 11, 110.

The spinal cord. In Text-book of Physiology. Edited by E. A Schäfer, Edinburgh and London, 1900, II, 783–883

The parts of the brain below cerebral cortex, viz, medulla oblongata, pons, cerebellum, corpora quadrigemina, and region of thalamus. In Text-book of Physiology. Edited by E. A. Schäfer, Edinburgh and London, 1900, II, 884–919

Cutaneous sensations. In Text-book of Physiology. Edited by E. A Schäfer, Edinburgh and London, 1900, II, 920–1001

The muscular sense. In Text-book of Physiology Edited by E A. Schäfer, Edinburgh and London, 1900, II, 1002–25.

Nature of tendon reflsxes—a discussion of E Jendrassik's paper before 13th Int. Congr. Med , Lancet, 1900 (18 Aug ), II, 530–1. Sur la nature des reflexes tendineux. Res. Rap. Paris Sect. Neurol. 25–6; C. R. XIII Int. Congr. Med. 1900, Sect. Neurol. 149–55. Also St. Louis med surg. J 1900, LXXIX, 197–8.

Lecture on Physiology for Teachers (20 Nov 1900). Printed privately (1901) by The Childhood Society for the scientific study of the mental and physical conditions of children, 15 pp.

## 1901

The general anatomy and physiology of the nervous system. In Allchin, Manual of Medicine, 1901, III (Diseases of the Nervous System), 1–33.

The name of the red corpuscle. A suggestion. Brit. med. J. 1901 (23 Mar.), I, 742.

Über einige Hemmungserscheinungen in Zustande der sog. Enthirnungsstarre (decerebrate rigidity). Wien. klin. Rsch. 1901, XV, 774–5. (Nothnagle Festschrift) (with A. Fröhlich).

The spinal roots and dissociative anesthesia in the monkey. J. Physiol 1901 (23 Dec.), XXVII, 360–71, pl. 10.

Observations on the physiology of the cerebral cortex of some of the higher apes (with A. S. F. Grünbaum [1]). Proc. roy. Soc 1901 (23 Nov.) LXIX, 206–9. Also Thomp. Yates Lab Rep 1902, IV, pt 2.

An address on localization in the 'motor' cerebral cortex (with A. S. F. Grünbaum). Brit. Med. J 1901 (28 Dec), II, 1857–9. (Read before the Pathological Society, London, 17 Dec 1910, also read before Vth Internat. Congress, Turin, abstract Brit. med. J 1001 (12 Oct.), II, 1091–3)

## 1902

Path of impulses for inhibition under decerebrate rigidity (with A. Fröhlich [1]). J. Physiol 1902, XXVII, 14–19

Observations on 'flicker' in binocular vision. Proc roy. Soc. 1902 (30 July), LXXI, 71–6.

A discussion on the motor cortex as exemplified in the anthropoid apes (with A. S. F. Grünbaum). Brit med J. 1902 (13 Sept.), II, 784, 785

Committee report on the conditions of health essential to carrying on the work of instruction in schools (with E. W. Wallis and others) Brit. Ass. Rep. 1902, 483–90, 1903, 455; 1904, 348, 1906, 433; 1907, 421; 1908, 458.

Committee reports of special chloroform committee of the British Medical Association (with Dr Barr and others) Brit. med. J 1902, II, 116–18, ibid 1903, II, cxli–cxliii; 1904, II, 161–2; 1905, II, 180–1; 1906, II, 78–9.

Fatigue. A lecture to the Froebel Society, Owens College, Manchester. Abstract only, Brit. med J 1902 (25 Oct.), II, 1371.

Address to the Conference on the Hygiene of Social Life. J. R. sanit. Inst. 1902, XXIII, 311–17, abstract, Brit. med. J. 1902 (20 Sept.), II, 885–6, 991.

C. S. Roy, 1854–97. Year Book of the Royal Society, 1902, 231–5.

Note on the arterial supply of the brain in anthropoid apes (with
A. S F. Grünbaum [1])   Brain, 1902, XXV, 270-3.
Remarks at discussion on pathology of nerve degeneration.   Brit
med J. 1902 (27 Sept ), II, 928.
Note upon descending intrinsic spinal tracts in the mammalian cord
(with E. E Laslett).   Proc roy. Soc 1902, LXXI, 115-21.

## 1903

The history of the discovery of trypanosomes in man   Lancet, 1903
(21 Feb.), I, 509-13 (with R. Boyce [1] and R. Ross [2]).   Pre-
liminary letter, Lancet, 1902 (22 Nov.), II, 1426, also Brit. med. J.
1902 (22 Nov ), II, 1680.
Observations on some spinal reflexes and the interconnexion of spinal
segments (with E. E. Laslett)   J. Physiol. 1903 (Feb.), XXIX,
58-96
Remarks on the dorsal spino-cerebellar tract (with E. E. Laslett)
J. Physiol. 1903 (Mar ), XXIX, 188-94.
Physiology and nervous diseases.   An address delivered to 'Doctorate
Graduates,' Univ of Chicago, Oct , 1903.
An address on science and medicine in the modern university (deliv-
ered at the opening of the new medical school, Toronto, 1903).
Brit. med J 1903 (7 Nov ), II, 1193-6; also Lancet, 1903 (7 Nov ),
II, 1273-6; Science, 1903 (27 Nov.), XVIII, 675-84.
Observations on the physiology of the cerebral cortex of the anthropoid
apes (with A. S F. Grünbaum [1]).   Proc roy. Soc. 1903 (11 June),
LXXII, 152-5.   (Also Thomp. Yates Lab. Rep. 1903, V, 55-8.)
Qualitative difference of spinal reflex corresponding with qualitative
difference of cutaneous stimulus.   J. Physiol. 1903. (Aug ), XXX,
39-46.
Address on medical science   Canad. J. Med. Surg. 1903, XIV, 321-32;
Dom med Mon. 1903, XXI, 203-15.
On the dosage of the mammalian heart by chloroform (1) (with S. C.
M. Sowton).   Brit med. J. 1903 (suppl.), cxlvii-clxi; Thomp.
Yates Lab. Rep. 1903, V, 69-104.
Opening of discussion on applied hygiene for school teachers.   J. R.
sanit Inst. 1903, XXIV, 27-31.

## 1904

On binocular flicker and the correlation of activity of 'corresponding'
retinal points.   Brit. J. Psychol. 1904 (Jan.), 1, 26-60.
On certain spinal reflexes in the dog.   Proc. Physiol. Soc , J. Physiol.,
1904 (19 Mar.), XXXI, xvii-xix.
A pseudaffective reflex and its spinal path (with R. S. Woodworth
[1]).   J Physiol. 1904 (June), XXXI, 234-43

On the dosage of the isolated mammalian heart by chloroform (II) (with S. C M. Sowton). Appendix I to the Third Report of Special Chloroform Committee Brit. med J. 1904 (23 July), II, 162–8, 721, Brit Assoc. Rep. 1904, 761–2, and Arch. Fisiol. 1904 (Nov.), II, 140–1.

The *correlation of reflexes* and the principle of the common path. Brit. Ass. Rep. 1904 (18 Aug.), LXXIV, 728–41; also abstract Brit. med. J 1904 (27 Aug.), II, 443; Nature, 1904, LXX, 460–6; Pop. Sci. Mon. 1904, LXV, 549–52

Committee report on madreporaria of the Bermuda Islands (with S. J Hickson and others). Brit Assoc Rep. 1904, 299; 1905, 186; 1906, 325.

On the mode of *functional conjunction of twin (corresponding) retinal points*. Arch. Fisiol. 1904 (Nov), II, 154–5

### 1905

On *reciprocal innervation of antagonistic muscles*. Seventh note Proc. roy. Soc. 1905 (6 Apr.), LXXVIb, 160–3.

On *reciprocal innervation of antagonistic muscles* Eighth note. Proc. roy. Soc. 1905 (18 May), LXXVIb, 269–97.

Über das Zusammenwirken der Rückenmarksreflexe und das Prinzip der gemeinsamen Strecke. Ergebn. Physiol 1905, IV, 797–850

On the *relative effects of chloroform upon the heart and upon other muscular organs*. Brit. med J. 1905 (22 July), II, 181–7. (Appendix I of Fourth Report of Special Chloroform Committee, see 1902).

Physiology; its scope and method. From Oxford Lectures on Methods of Science, 1905, chap. 3, pp 59–80.

The importance of longer hours of sleep at public schools. Brit med J. 1905 (2 Dec), II, 1469–71 (unsigned).

Obituary. Sir John Burdon-Sanderson. Brit. med. J 1905 (2 Dec.), II, 1491–2.

Training in hygiene for teachers. J. R. sanit. Inst 1905, XXVI, 132–8.

### 1906

The Integrative Action of the Nervous System. New York, Charles Scribner's Sons, 1906, xvi + 411 pp. [Cf. Curriculum vitae.]

On the *innervation of antagonistic muscles*. Ninth note. Successive spinal induction. Proc. roy. Soc. 1906 (15 Feb.), LXXVIIb, 478–97.

On the *proprioceptive system, especially in its reflex aspects*. Brain, 1906, XXIX (Hughlings Jackson Number), 467–82.

Observations on the *scratch-reflex in the spinal dog*. J. Physiol. 1906, XXXIV, 1–50.

On the effect of chloroform in conjunction with carbonic dioxide on
cardiac and other muscle (with S. C. M. Sowton [1])  Appendix
III of Fifth Report of special Chloroform Committee, see 1902,
1905.  Brit med J 1906 (14 July), II, 85–7.
Experiments in examination of the locked-jaw induced by tetanus-
toxin (with H E Roaf [1])  J. Physiol. 1906 (Aug ), XXIV,
315 31; abstract, Lancet, 1906 (22 Sept ), 11, 810, Brit. med. J.
1906, 11, 9
The mechanism of 'locked jaw' produced by tetanus-toxin (with
H. E. Roaf [1]).  Brit med J. 1906, 11, 1805

1907

Appreciation of Sir Michael Foster.  Brit. med. J. 1907, 1, 351.
The Association and medical research  (Commenting on Mott's
Review of The Integrative Action of the Nervous System), Brit.
med J 1907 (16 Mar.), 1, 657.
On reciprocal innervation of antagonistic muscles.  Tenth note.
Proc roy. Soc. 1907 (18 Apr.), LXXIXb, 337–49.
Nerve as a master of muscle.  Not. Proc roy. Instn, 1907 (19 Apr.),
XVIII, 609–18, and Sci. Amer. Suppl. 1908, LXV, 378
Strychnine and reflex inhibition of skeletal muscle.  J. Physiol. 1907
(Nov.), XXXVI, 195–204
On reciprocal innervation of antagonistic muscles.  Eleventh note.
Further observations on successive induction  Proc. roy. Soc 1907
(5 Dec.), LXXXb, 53–71; reprinted Folia neuro-biol. 1908 (Mar.),
1, 365–83.
Spinal reflexes.  Brit Ass Rep 1907, 667.

1908

A discussion on the scientific education of the medical student
(Meeting of the British Medical Association.)  Brit. med. J 1908
(15 Aug.), II, 380; also Lancet, 1908 (15 Aug ), II, 480–I.
On reciprocal innervation of antagonistic muscles  Twelfth note
Proprioceptive reflexes  Proc roy Soc 1908 (10 Dec.), LXXXb,
552–64; reprinted Folia neuro-biol. 1909, II, 578–88. Abstr.
Nature, 1908, LXXVIII, 592
On reciprocal innervation of antagonistic muscles.  Thirteenth note.
On the antagonism between reflex inhibition and reflex excitation.
Proc. roy. Soc. 1908 (10 Dec.), LXXXb, 565–78; reprinted Folia
neuro-biol. 1909, II, 589–602
Committee report on body metabolism in cancer (with S. M. Cope-
man).  Brit. Assoc Rep 1908, 489–92; 1910, 297–300; 1911, 171.
Some comparisons between reflex inhibition and reflex excitation.
Quart. J. exp. Physiol 1908, 1, 67–78.

54

1909

On plastic tonus and proprioceptive reflexes.   Quart. J. exp. Physiol.
1909, II, 109–56.

Reciprocal innervation of antagonistic muscles.   Fourteenth note.
On double reciprocal innervation.   Proc. roy. Soc 1909, LXXXIb,
249–68; reprinted Folia neuro-biol. 1910, III, 477–96

Discussion on the deep afferents, their function and distribution
(Meeting of the British Medical Association)   Brit. med. J 1909
(11 Sept ), II, 679–90; also Lancet, 1909 (11 Sept ), II, 791–2.

A mammalian spinal preparation.   J  Physiol  1909, XXXVIII,
375–83

1910

Obituary.   W. Page May.   Brit. med  J. 1910 (29 Jan. ), 1, 298.

Flexion-reflex of the limb, crossed extension-reflex, and reflex stepping
and standing   J  Physiol  1910 (Apr.), XL, 28–121.

Remarks on the reflex mechanism of the step   Brain, 1910 (June),
XXXIII, 1–25.

Receptors and afferents of the third, fourth and sixth cranial nerves
(with F  M  Tozer [1])   Proc. roy  Soc  1910 (6 June), LXXXIIb,
450–7, reprinted Folia neuro-biol 1910, IV, 626–33

Further remarks on the mammalian spinal preparation (with H. E.
Roaf [1]).   Quart J  exp  Physiol. 1910 (Mar.), III, 209–11.

Notes on the scratch reflex of the cat   Quart. J. exp  Physiol. 1910
(Mar.), III, 213–20.

Brain, physiology of.   In Encyclopaedia Britannica, London and
New York, 11th ed., 1910, IV, 403–13.

Note on certain reflex actions connected with the mouth.   Brit. dent
J. 1910, XXXI, 785–90.

Committee report on mental and muscular fatigue (with W. Mac-
Dougall and others).   Brit. Ass. Rep. 1910, 292; 1911, 174.

1911

On reflex rebound (with S. C M. Sowton).   Proc. Physiol Soc.,
printed but unpublished, 1911, 5 pp

Reversal of the reflex effect of an afferent nerve by altering the
character of the electrical stimulus applied (with S  C. M. Sowton).
Proc. roy. Soc. 1911 (22 Mar ), LXXXIIIb, 435–46; reprinted
Z. allg  Physiol 1911, XII, 485–98.

Motor localization in the brain of the gibbon, correlated with a histological examination (with F. W Mott [1] and E. Schuster [2]).
Proc. roy Soc. 1911 (4 May), LXXXIVb, 67–74; reprinted Folia
neuro-biol. 1911, v, 690–707.

Notes on the pilomotor system (with T. Graham Brown [1]).   Quart.
J. exp. Physiol   1911 (June), IV, 193–205.

55

Muscle and nerve. In Encyclopaedia Britannica, 11th ed. 1911,
XIX, 44–50.

Spinal cord, physiology of. In Encyclopaedia Britannica, 11th ed
1911, XXV, 672–84.

Sympathetic system. In Encyclopaedia Britannica, 11th ed. 1911,
XXVI, 287–9

On reflex inhibition of the knee flexor (with S. C. M Sowton). Proc.
roy. Soc 1911 (29 June), LXXXIVb, 201–14.

The rôle of reflex inhibition. Sci. Prog. Twent. Cent. 1911 (No 20),
584–610; trans in Scientia, Riv Scienza, 1911, IX, 226–46; abstract Brit. med. J. 1911 (25 Mar), I, 690–1, and Lancet, 1911
(11 Mar.), I, 668.

Chloroform and reversal of reflex effect (with S. C. M. Sowton).
J Physiol. 1911 (July), XLII, 383–8.

Sir Rupert Boyce, 1863–1911. Proc roy Soc. 1911 (Sept), LXXIVb,
1–6.

Observations on the localization in the motor cortex of the baboon
(Papio anubis) (with T Graham Brown [1]) J Physiol 1911,
XLIII, 209–18.

Observations on strychnine reversal (with A. G. W. Owen [1]). J.
Physiol. 1911 (Nov), XLIII, 232–41.

1912

Note on present problems of nervous function. In Mélanges biolog-
iques, 1912 dédié à Charles Richet, pp. 371–9

On the instability of a cortical point (with T. Graham Brown [1])
Proc. roy Soc 1912 (Mar), LXXXVb, 250–77.

Bewegung und Leben. Address to the students at Utrecht, 1912
(May).

The rule of reflex response in the limb reflexes of the mammal and its
exceptions (with T. Graham Brown [1]). J. Physiol. 1912 (May),
XLIV, 125–30.

Some instances of uncertainty in reflex reactions. Delivered to
British Medical Association, 26 July. Abstract, Lancet, 1912
(24 Aug.), II, 537.

Report of Departmental Committee on Sight Tests, Board of Trade,
1912 (10 May).

1913

Six chapters on physiology 'briefly explaining the principles which
underlie the precepts and practice described in the other chapters
of the book' (pp. 224–307). A Manual of School Hygiene, by E
W. Hope, E A. Brown and C. S. S. (new edition, Cambridge
University Press, 1913. xii+311 pp.).

56

Reciprocal innervation and symmetrical muscles   Proc. roy Soc. 1913 (13 Jan.), LXXXVIb, 219–32.

Nervous rhythm arising from rivalry of antagonistic reflexes· reflex stepping as outcome of double reciprocal innervation. Proc. roy. Soc. 1913 (20 Feb.), LXXXVIb, 233–61

Note on the functions of the cortex cerebri (with T. Graham Brown [1]). Proc. Physiol Soc., J. Physiol, 1913, XLVI, XXII.

Reflex inhibition as a factor in the co-ordination of movements and postures.   Quart. J. exp. Physiol. 1913 (June), VI, 251–310

The sight tests of the Board of Trade (Polemic with F. W. Edridge-Green).   Lancet, 1913 (14 June), 1, 1691; (Edridge-Green's letters, ibid, 1557, 1752–4, 1764).

Reciprocal innervation.   Seventeenth Int. Congr. Med. Brit. med. J. 1913 (23 Aug.), II, 458–9.

An address on the provincial school of medicine and the provincial university.   Delivered at the Prize destribution in the School of Medicine, University of Leeds.   Brit. med. J. 1913 (4 Oct.), II, 844–6

Rhythmic reflex produced by antagonizing reflex excitation by reflex inhibition.   Ninth International Congress of Physiology.   Arch. Int. Physiol. 1913, XIV, 74.

Further observations on the production of reflex stepping by combination of reflex excitation with reflex inhibition.   J. Physiol. 1913 (Nov.), XLVII, 196–214.

Reversal in cortical reactions (with T. Graham Brown [1]).   Arch. int. Physiol. 1913, XIV, 72–3.


1914

Report on reciprocal innervation.   Trans Int. Congr. Med. 1913 (Sect. II, Physiol.), 1914, 85–93.

Acoustic reflexes in the decerebrate cat (with A Forbes [1]).   Amer. J. Physiol. 1914 (Nov.), XXXV, 367–76.


1915

Observations on reflex responses to single break-shocks (with S. C. M. Sowton).   J. Physiol. 1915 (July), XLIX, 331–48.

Some observations on the bucco-pharyngeal stage of reflex deglutition in the cat (with F. R. Miller [1]).   Quart. J. exp. Physiol. 1915 (Oct.), IX, 147–86.

Postural activity of muscle and nerve.   Brain, 1915, XXXVIII, 191–234.

Simple apparatus for obtaining a decerebrate preparation of the cat. Proc. Physiol. Soc., J. Physiol., 1915 (3 July), XLIX, lii–liv.

SHERRINGTON

Committee report on the structure and function of the mammalian
heart (with S. Kent)   Brit Assoc. Rep 1915, 226-9; 1916, 304;
1917, 122.

1916

A simple apparatus for illustrating the Listing-Donders law   Proc
Physiol. Soc. J. Physiol , 1916 (15 July), L, XLVI–XLIX

1917

Observations on the excitable cortex of the chimpanzee, orang-utan
and gorilla (with A. S F Leyton [1])   Quart J. exp Physiol
1917, XI, 135–222.
Reflexes elicitable in the cat from pinna vibrissae and jaws.  J
Physiol 1917 (Dec ), LI, 404–31.
Observations with antitetanus serum in the monkey.  Lancet, 1917
(29 Dec.), II, 964–6.
Recent physiology and the war.  Not. Proc Roy. Instn, 1917, XXII,
1–3, and Science, 1917, XLVI, 502–4.

1918

Stimulation of the motor cortex in a monkey subject to epileptiform
seizures   Brain, 1918 (Mar.), XLI, 48–9.
Brevity, frequency of rhythm and amount of reflex nervous discharge,
as indicated by reflex contraction (with N. B Dreyer [1]).  Proc
roy. Soc. 1918 (Oct ), XCb, 270–82.
Observations on the sensual rôle of the proprioceptive nerve-supply
of the extrinsic ocular muscles.  Brain, 1918 (Dec.), XLI, 332–43.

1919

Mammalian Physiology   A Course of Practical Exercises.  Oxford,
Clarendon Press, 1919, Xii + 156 pp
Note on the history of the word 'tonus' as a physiological term
Contribution to Medical and Biological Research Dedicated to Sir
William Osler, New York, 1919, 1, 261–8.

1920

Sir William Osler   Obituary   Brit. med. J. 1920 (10 Jan.), 1, 65.
Postural activity of muscle   Cavendish Lecture, West London
Medicochirurgical Society.  Brit. med. J. 1920 (21 Aug ), II, 288.
(Apparently never printed in extenso.)
Gateways of sense   Huxley Lecture, Birmingham University, 26
November 1919.  Brit. med. J. 1920 (4 Dec ), II, 875.  (Apparently
never printed in extenso.)

## 1921

On the myogram of the flexor-reflex evoked by a single break-shock (with K. Sassa [1]). Proc. roy Soc 1921 (May), XCIIb, 108–17.

Break-shock reflexes and 'supramaximal' contraction-response of mammalian nerve-muscle to single shock stimuli. Proc roy. Soc 1921 (May), XCIIb, 245–58.

Albert Sidney Leyton. Obituary Brit med. J 1921 (8 Oct.), II. 579.

Anniversary address delivered before the Royal Society of London. 30 November 1921 Proc. roy Soc 1922 (Jan.), ca, 353–66; ibid. XCIIIb, 1–14, extract bearing title. The maintenance of scientific research Nature, 1921 (8 Dec ), CVIII, 470–1

Sur la production d'influx nerveux dans l'arc nerveux réflexe. Arch int Physiol. 1921 (Dec.), XVIII, 620–7. (Volume dedicated to Léon Fredericq )

## 1922

Note on the after-discharge of reflex centres In Libro en honor de Santiago Ramon y Cajal, Madrid, 1922, pp. 97–101.

Some points regarding present-day views of reflex action. Address to Royal Society, Edinburg, 20 March 1922. Abstract, Nature, 1922 (8 Apr ), CIX, 463

Some aspects of animal mechanism. Presidential Address, British Association for the Advancement of Science, Hull. Brit. Ass. Rep. 1922 (Sept.), 1–15; Brit med. J 1922 (9 Sept.), II, 485 -6 Also Nature, 1922, CX, 346–52, Vet. Rec 1922, II, 762–6; J. Ment Hygiene, 1923, XVII, 1–19

Inaugural address delivered at the opening of the Biological Building, McGill University, Montreal, 5 October 1922. Printed privately, Murray Printing Co., Ltd, Toronto, 1922, 8 pp

Anniversary address delivered before the Royal Society of London, 30 November 1922. Proc roy Soc. 1923, CIIa, 373–88, and XCIVb, I-XVI. Extract under title. The use of a pancreatic extract in diabetes Nature, 1922 (9 Dec ), CX, 774; also Brit med J. 1922 (9 Dec.), II, 1130–40.

## 1923

The position of psychology. Address to National Institute of Industrial Psychology, 20 March 1923. Abstract, Nature, 1923 (31 March), CXI, 439 (Apparently never printed in extenso.)

Stimulus rhythm in reflex contraction (with E G T. Liddell [1]). Proc. roy. Soc. 1923 (May), XCVb. 142–56. Appendix on separation key by C. S. S

A comparison between certain features of the spinal flexor reflex and
of the decerebrate extensor reflex respectively (with E. G. T Liddell
[1]).  Proc roy. Soc 1923 (July), XCVb, 299–339.
Recruitment type of reflexes (with E. G. T. Liddell [1]).  Proc. roy.
Soc 1923 (Oct.), XCVb, 407–12.
Anniversary address delivered before the Royal Society of London, 30
November 1923.  Proc. roy. Soc. 1924 (Jan.), CVa, 1–16; ibid,
XCVb, 485–99; Nature, 1923 (8 Dec.), CXII, 845–8; Brit. med  J.
1923 (8 Dec.), II, 1113–14.

1924

Reflexes in response to stretch (myotatic reflexes) (with E  G. T.
Liddell [1]).  Proc. roy Soc. 1924 (Mar.), XCIVb, 212–42
Problems of muscular receptivity.  Nature, 1924 (21 and 28 June),
CXIII, 732, 892–4, 929–32
Notes on temperature after spinal transection, with some observations
on shivering.  J. Physiol. 1924 (May), LVIII, 405–24.
Anniversary address delivered before the Royal Society of London,
1 December 1924.  Proc. roy. Soc. 1925 (Jan.) CVIIa, 1–14; ibid.
XCVIIb, 254–67; Nature, 1924 (6 Dec.), CXIII, 840–1.

1925

Recruitment and some other features of reflex inhibition (with E. G. T.
Lidell [1]).  Proc roy. Soc. 1925 (Feb.), XCVIIh, 488–518.
Remarks on some aspects of reflex inhibition.  Proc. roy. Soc. 1925
(Feb ), XCVIIh, 519–45.
The late Sir Clifford Allbutt.  Obituary.  Brit. med. J. 1925 (7
Mar.), 1, 495.
Further observations on myotatic reflexes (with E. G. T. Liddell
[1]).  Proc. roy. Soc. 1925 (Oct.), XCVIIb, 267–83.
An address on avenues in medicine.  Delivered at the opening of
the winter session of the London (Royal Free Hospital) School of
Medicine.  Mag. Lond (Roy Free Hosp.) School Med. for Women,
1925, XX, 133–41; Lancet, 1925 (10 Oct ), II, 741–3.  Abstract
under title: Medicine as a career for women.  Brit. med. J. 1925
(19 Oct.), II, 667–8
Address at the unveiling of the Wheatstone Memorial at Gloucester,
19 October 1925.  Nature, 1925 (31 Oct.), CXVI, 659.
J. N. Langley.  Obituary.  Brit. med. J. 1925 (14 Nov.), II, 925.
Anniversary address delivered before the Royal Society of London,
30 November 1925.  Proc. roy. Soc. 1926, CXa, 1–15; ibid. 1926,
XCIXb, 107–21; Nature, 1925 (5 Dec.) CXVI, 833–5.
The Assaying of Brabantius and Other Verse.  Oxford University
Press, 67 pp.

## 1926

Addition latente and recruitment in reflex contraction and inhibition.
Livre à Charles Richet.  Paris, 1926, 3 pp.

Observations on concurrent contraction of flexor muscles in the
flexion reflex (with R. S. Creed [1]).  Proc. roy. Soc. 1926 (June),
Ch, 258–67.  Appendix on double mirror myograph by C. S. S.

Reflex fractionation of a muscle (with S. Cooper [1] and D. E Denny-
Brown [2]).  Proc roy. Soc 1926 (Nov.), Cb, 448–62.

## 1927

Interaction between ipsilateral spinal reflexes acting on the flexor
muscles of the hind-limb (with S. Cooper [1] and D. E. Denny-
Brown [2])  Proc roy. Soc 1927 (Feb.), CIb, 262–303

Whither?—A footnote.  Nature, 1927 (5 Feb.), CXIX, 205.

Lister and physiology.  Nature, 1927 (23 Apr ), CXIX, 606–8; Brit.
Med. J 1927 (9 Apr.), 1, 653–4: Lancet, 1927 (9 Apr.), 1, 743–4.

Ernest Henry Starling.  Obituary.  Brit. med. J 1927 (14 May),
II, 905.

Second Listerian Oration  Canad. med Ass J 1927 (18 June), 17,
11, 1255–63.

Dunham Lectures, 1927 (Harvard Medical School), 10 October, Observations on stretch reflexes; 13 October, Modes of interaction between reflexes; 17 October, Some factors of co-ordination in muscular
acts  Abstract· Bost. med. surg. J 1927, CXCVII, 812 (not
published in extenso).

Keith Lucas (1879–1916).  Dictionary of National Biography, 1912–
21  [Supplement III], Oxford University Press, 1927.

Committee report on colour vision, with particular reference to classi-
fication of colour blindness (with H. E. Roaf and others).  Brit.
Assoc Rep. 1927, 307–8.

## 1928

Foreword [p. v] to L J J Muskens, Epilepsy, Comparative Patho-
genesis, Symptoms, Treatment  London, Baillière, Tindall and
Cox, 1928, XIV+435 pp.

Sir Dawson Williams.  Obituary. Brit. med. J. 1928 (10 Mar.), 1, 418.

Eulogy of Harvey.  The Harvey Tercentenary Celebrations, Royal
College of Physicians, 14 May 1928.  Brit. med. J. 1928 (19 May),
1, 866–8; Lancet, 1928 (19 May), 1, 1034–5.

Some physiological data toward functional analysis of a simple reflex
centre.  Arch. Sci. biol. 1928 (June), XII, 1–7.  Bottazzi Birthday
Volume

Introduction pp. Xi–Xiii to F. Mason, Creation by Evolution. A
Consensus of Present-day Knowledge as set forth by Leading

Authorities in Non-technical Language that all may understand. New York, Macmillan, 1928, XXii+392 pp.

A mammalian myograph. Proc. Physiol. Soc., J Physiol, 1928, LXVI, iii-V.

The instability of a single vortex-row. Nature, 1928 (1 Sept), CXXII, 314.

Subliminal fringe in spinal flexion (with D. E. Denny-Brown [1]) J. Physiol. 1928, LXVI, 175-80.

Sir David Ferrier. Proc. roy. Soc. 1928 (Nov.), CIIIb, VIII-XVI

### 1929

Life in upper Canada in 1827. By B. Aldron. Remarks on foregoing letter by C. S S , Canad. med. Ass J 1929 (Jan.), XX, 65-7.

Some functional problems attaching to convergence. Ferrier Lecture Proc. roy. Soc 1929 (Sept.), CVb, 332-62; and Brit med J 1929, 1, 1136-7.

Mammalian Physiology. A Course of Practical Exercises (with E G. T. Liddell [1]). 2nd ed Oxford, Clarendon Press, 1929 Xii—162 pp.

Improved bearing for the torsion myograph (with J. C. Eccles [1]). Proc Physiol Soc , J Physiol., 1929 (Dec), LXIX, i.

Brain, physiology of Encyclopaedia Britannica, London and New York, 1929, 14th ed. IV, 1-9 Rewritten; see also 1910.

The spinal cord—physiology. Encylopaedia Britannica, London and New York, 1929, 14th ed. XXI, 220-8 Rewritten; see also 1911.

The sympathetic system. Encyclopaedia Britannica, London and New York, 1929, 14th ed. XXI, 702-4 Rewritten; see also 1911

### 1930

Reflex summation in the ipsilateral spinal flexion reflex (with J. C Eccles [1]). J Physiol. 1920 (Mar ), LXIX, 1-28

Numbers and contraction-values of individual motor-units examined in some muscles of the limb (with J C. Eccles [1]) Proc. roy. Soc 1930 (June), CVIb, 326-57.

Flexor reflex responses to successive afferent volleys (with J. C. Eccles [1]). Proc Physiol Soc., J Physiol., 1930 (July), LXX, XXV-XXVii.

Notes on the knee extensory and the mirror myograph J Physiol. 1930 (Aug.), LXX, 101-7

Nervous integrations in man In Cowdry, Human Biology and Racial Welfare (with J F. Fulton [1]), New York: Paul B. Hoeber, 1930 (pp. 246-65)

## 1931

Studies on the flexor reflex:
    I. Latent period (with J. C. Eccles [1])  Proc. roy. Soc. 1931 (Mar.), CVIIb, 511–34.
    II. The reflex response evoked by two centripetal volleys (with J. C. Eccles [1])  Ibid. 535–56
    III The central effects produced by an antidromic volley (by J. C. Eccles alone)  Ibid. 557–85
    IV. After-discharge (with J. C. Eccles [1])  Ibid 586–96.
    V. General conclusions (with J. C. Eccles [1]).  Proc. roy. Soc 1931 (Mar ), CVIIb, 597–605.
    VI. Inhibition (with J C Eccles [1])  Ibid. 1931, CIXb, 91–113.
Quantitative management of contraction in lowest level co-ordination  Hughlings Jackson Lecture  Brain, 1931 (Apr ), LIV, 1–28  Also abstr Brit med J 1931, 1, 207–11.

## 1932

State of the flexor reflex in paraplegic dog and monkey respectively (with J F. Fulton [1]).  J Physiol 1932 (May), LXXV, 17–22
Concluding remarks to discussion on tonus of skeletal muscle  Internat. Neurol. Congress, Berne, 1931  Arch Neurol Psychiat, Chicago, 1932 (Sept.), XXVIII, 676–8.
Chromatolysis of motor-horn cells.  Proc Physiol. Soc., J. Physiol. 1932 (May), XII, 11–12P.
Reflex Activity of the Spinal Cord (with R S. Creed, D Denny-Brown, J C Eccles, E G T Liddell [1]).  Oxford, Clarendon Press, 1932 Vii+ 184 pp.
Degeneration of peripheral nerves after spinal transection in the monkey (with S. Cooper [1])  Proc. Physiol. Soc., J. Physiol., 1932 (Nov.), LXXVII, 18 pp.
Inhibition as a co-ordinative factor  Nobel Lecture delivered at Stockholm, 12 December 1932  Stockholm, P. A. Norstedt, 1933, 12 pp

## 1933

The Brain and its Mechanism.  The Rede Lecture delivered before the University of Cambridge, 5 December 1933.  Cambridge University Press, 1933, 36 pp. 2nd issue, November 1937.

## 1934

Reflex inhibition as a factor in co-ordination of muscular acts.  Rev. Soc. argent. Biol. 1934 (Nov ), X, 510–13.
Review of Hallowes, K. D The Poetry of Geology.  In Sci. Progr. 1934 (July), XXIX, 165.

SHERRINGTON

Periodicals and reference. [Review of World List.] Nature, 1934
  (22 Sept ), CXXXIV, 435–7.
Language distribution of scientific periodicals. [Anaylsyis of World
  List.] Nature, 1934 (9 Oct ), CXXXIV, 871–2.

### 1935

Sir Edwald Sharpey-Schafer and his contributions to nemology
  (Scharpey-Schafer Memorial Lecture). Edinb. med. J 1935 (Aug.),
  XLIl, 393–406.
Functional problems of convergence of nerves  Orv. Hotil. 1935
  (Sept.), LXXIX, 1050–1.
Santiago Ramón Y Cajal, For Mem  R  S. Obituary  Obit. Notes
  Roy. Soc. 1935 (Dec.), No. 4, 425–41.

### 1936

The Chastening. Cornbill Magazine, 1936 (Aug.), CLIV, 140,

### 1937

The wise Ulysses  Cornhill Magazine, 1937 (Jan.), CLV, 38
Community. Cornhill Magazine, 1937 (May), CLV, 701.
Sir Squire Sprigge  Lancet, 1937 (26 June), 1, 1554.
Review of Horton and Aldredge, Johannes do Murfeld of St  Bartholo
  mew's Smithfield: His Life and Works. In Medium AEvum, 1938,
  III, 236–40
Scientific endeavour and inferiority complex. Review of Ramón y
  Cajal, Recollections of My Life. In Nature, 1937 (9 Oct ), CXL,
  617–19.
Preface to Le tonus des muscles striés by G  Marinesço, N  Jonesco-
  Sisestu, O. Sager and A. Kreindler. Academie Roumaine, Etudes et
  Recherces, Bucharest, 1937 pp  Vii–Viii
Langley, John Newport. In Dictionary of National Biography,
  1922–30 Supplement IV, Oxford University Press, 1937, 479–81.
Ferrier, Sir David. In Dictionary of National Biography, 1922–30
  [Supplement IV], Oxford University Press, 1937, 302–4
Paget, Stephen. In Dictionary of National Biography, 1922–30
  [Supplement IV], Oxford University Press, 1937, 649–51.

### 1938

The Society's Library. Notes Rec. Roy. Soc , Lond., 1938, 1, 21–7.

### 1940

Gowers' tract and spinal border-cells (with Sybil Cooper). Brain,
  1940, LXIII, 123–34,

The Assaying of Biabantius, and Othor Verse. Sm. 8 vo. 2nd ed.,
enlarged, 1940, Oxford University Press
Man on his Nature. The Gifford Lectures, Edinburgh, 1937-8.
8vo. illustrated. Cambridge University Press, 1940, v + 413 pp.
Reprinted 1942, 1946; in U. S. A. 1942.

### 1942

Goetho on Nature and on Science 8vo. The Dencke Lecture,
1942; Lady Margaret Hall, Oxford. Cambridge University Press.
41 pp.

### 1946

The Endeavour of Jean Fernel 8vo. illustrated Cambridge University Press, 1946, X + 223 pp.

### 1947

Spanish translation of The Endeavour of Jean Fernel, 1947. (In the
Press.)
'Marginalia.' Contribution to volume in honour of Charles Singer;
Edited by Dr. Ashworth Underwood.
The re-Christening of Physiology. Article contributed to volume in
honour of Prof. Van Rynberk. Amsterdam, 1947.
The Integrative Action of the Nervous System. A new edition, with
an Introduction. Edited by Samson Wright. Cambridge University Press, 1947.

ARTHUR VAN GEHUCHTEN
NEUROANATOMIST

ARTHUR VAN GEHUCHTEN

1861-1914

# Biographical Sketch

Born in Antwerp on April 20, 1861, Pierre Louis Arthur Van Gehuchten attended Notre Dame College in the city of his birth. In 1880, he went to Louvain where he trained in the laboratory of the biologist, Jean-Baptiste Carnoy. The following year, he joined the Faculty of Sciences at Louvain. In 1883, shortly after receiving his B. M., Dr. Carnoy invited him to work in his cytological laboratory.

In 1886, Van Gehuchten became a Doctor of Natural Sciences on the Faculty and was named to the Chair of Anatomy at the University of Louvain. During this year, his first scientific paper, "Concerning the Fine Structure of Muscle Cell," was published. In 1887, he became Professor of Anatomy at the University.

It was during these first years of intensive study that Van Gehuchten decided on the area of study to which he was to devote his life. Shortly after publication of his paper on the "Structure of the Muscle Cell," Ramón y Cajal wrote him that he had given up his researches on the same subject because he had had such remarkable results in the application of Golgi's method to the embryonal nervous system. Having verified this information, Van Gehuchten prepared a number of important monographs on the neuron hypothesis, most of which appeared in *La Cellule*.

The first of these papers dealt with the olfactory mucosa of mammals as revealed by the Golgi method of staining and was published in 1890. His work on the structure of nerve cells and his promulgation of the dynamic polarization theory helped to establish the Neuron Doctrine in 1891.

In 1893, Van Gehuchten published his famous handbook, *Anatomie du Système Nerveux de l'homme.* Over the next several years, he published papers concerning the olfactory bulb, the optic lobes, the central nervous system of various animals, the innervation of hair follicles, the structure of the sympathetic cells and the cerebro-spinal ganglia. These led, in turn, to his brilliant report "On the Structure of the Nerve Cell" delivered to the Moscow International Congress in 1897.

His painstaking devotion to experimentation was characterized in the work begun in 1896 on rabies. By 1900, he was able to publish his findings of a method for the rapid diagnosis of this virus disorder, a diagnosis based on histological changes in the nervous system  In 1900, he began publishing his Journal, *Le Nevraxe*

In 1903, he proposed specific surgical procedures for the treatment of trigeminal neuralgia  During the years 1906–09, he published an enlarged handbook on anatomy in which were reproduced a great many drawings relating to recent discoveries  His didactic *Course of Human Systematic Anatomy* was published without plates but with white interleaves.

Once convinced of the truth of the neuron hypothesis, Van Gehuchten began applying it in pathology  The pyramidal tract was for him the secondary or central motor neuron system.  Therefore, he made exhaustive studies on the nature of motor disturbances in cerebral palsy  Most of these researches were set down in "Le Journal de Neurologie."  These studies were supplemented with pathological treatises delineating the nature and extent of related lesions.

Upon the death of Hayoit, Van Gehuchten succeeded to the Chair of Nerve Disease at the University of Louvain and continued in the Chair of Anatomy  In 1908, he was signally honored with the first Chair in Neuropathology in Belgium  It was during this year that he published *Les Centres Nerveux Cérébro-Spinaux.*

In the second clinical period of his researches, Van Gehuchten published papers on poliomyelitis, decubitus ulcers, aphasia, syringomyelia, hemiplegia, spinal compression, tabes, the Babinski phenomenom, and many other interesting neurological problems.  All of these preceded publication of his second textbook *Les Maladies Nerveuses* in 1914

In December 1912, Van Gehuchten celebrated his twenty-fifth year with the University of Louvain  It was the occasion for a great ceremony at which scientists from all over the world gathered to do him honor.  It was during this celebration that many of the off-print sheets of his *Manual on Nerve Pathology* were first shown.

Van Gehuchten's work and his journal (*Le Nevraxe*) came to an untimely end in 1914 shortly after the outbreak of World War I. The Kaiser's troops gutted the University and his home, destroying his laboratory, his instruments, his collections and the various projects then in progress.  He made his way to England where he was received at Cambridge and appointed to a professorship.  Here, in the laboratories of the Research Hospital, he set himself to continuing his work and to a valiant effort to recoup much that had been lost in the destruction at Louvain

But fate was to rule otherwise  In late 1914, Van Gehuchten developed volvulus and, in December 1914, shortly after an emergency appendicitis operation, he succumbed to a heart attack.  Science thus lost one of its greatest protagonists.  A man of great intellectual vigor and integrity, Arthur Van Gehuchten departed this life with the well-deserved reputation of one who had pursued scientific truths indefatigably and who had demonstrated to the full that spirit of leadership and sustained investigation which have meant so much to the development of the neurological sciences.  His son, heir to a most worthy tradition, went on to become the President of the First International Congress of Neurological Sciences

# Bibliography


### 1886

Étude sur la structure intime de la cellule musculaire striée   La Cellule
2, 287; 1886.

### 1888

Étude sur la structure intime de la cellule musculaire striée chez les
vertébrés.   La Cellule 4, 245; 1888.

### 1889

L'Axe organique du noyau.   La Cellule 5, 175, 1889.

### 1890

Contribution a l'étude de la muqueuse olfactive chez les mammifères.
La Cellule 6, 393; 1890
Recherches histologiques sur l'appareil digestif de la larve de Ptychop-
tera contaminata.—Étude du revêtement épithélial et recherches
sur la sécrétion.   La Cellule, 6, 183, 1890.

### 1891

Le bulbe olfactif chez quelques mammifères   La Cellule: 7, 203; 1891.
La structure des centres nerveux. La moelle épinière et le cervelet.
La Cellule 7: 79–122.   1891.
Le mécanisme de la sécrétion   Anatom. Anz.: 6, 1891
Les découvertes récentes dans l'anatomie et l'histologie du système
nerveux central.   Ann. Soc. Belg microsc. 15; 1891.
Wat is eene maatschappij van onderlingen bijstand?   Dec. 1891.

### 1892

La structure des lobes optiques chez l'embryon du poulet   La Cellule.
8, 5; 1892.

VAN GEHUCHTEN

Les cellules nerveuses du sympathique chez quelques mammifères et
   chez l'homme   La Cellule· 8, 81; 1892
Contribution a l'étude des ganglions cérébro-spinaux.   La Cellule: 8,
   208; 1892.
Nouvelles recherches sur les ganglions cérébro-spinaux.   La Cellule: 8,
   233, 1892.
L'origine du nerf oculo-moteur commun   La Cellule 8, 419, 1892.
Les terminaisons nerveuses libres intra-épidermiques.   Verhandl
   Anatom Gesllsch · juin 1892

## 1893

Contribution a l'étude du mécanisme de l'excrétion cellulaire   La
   Cellule: 9, 93; 1893
Les terminaisons nerveuses intra-épidemiques chez quelques mammi-
   fères   La Cellule· 9, 299; 1893
Les nerfs des poils. Mem Acad. Roy. méd. Belg. 49, 1893.

## 1894

Contribution à l'étude du système nerveux des Téléostéens   La
   Cellule: 10, 253; 1894.
La neuroglia dans le cervelet de l'homme   Bibliographie Anatomique
   août 1894
Contribution a l'étude du faisceau de Meynert ou faisceau rétro réflexe
   Bull acad Roy méd. belg 1894

## 1895

La moelle épinière de la truite (Trutta fario)   La Cellule· 11, 111;
   1895
La faisceau longitudinal postérieur   Bull acad. roy. méd. belg. 9,
   1895
L'origine du pathétique et de la racine supérieure du trijumeau
   Bull. acad. roy. méd. belg. 29, 1895.
Les cellules de Rohon dans la moelle épinière et la moelle allongée de
   la truite.   (Trutto fario) Bull acad roy méd belg 30, 1895.
Maladies des voies urinaires   La Policlin 1   1895
Maladies des voies digestives   La Policlin. 3; 1895.
Chirurgie infantile et orthopédique   La Policlin 4; 1895.
Le bulbe olfactif de l'homme. Bibliographie Anatomique 4; 1895.

## 1897

Contribution a l'étude de la moelle épinière chez les vértebrés.   La
   Cellule· 12, 113; 1897

L'anatomie fine de la cellule nerveuse. La Cellule. 13, 313; 1897

Le chromatolyse dans les cornes antérieures de la moelle après désarticulation de la jambe   Ann Soc Méd Gand 1897.

Le mécanisme des mouvements réflexes  J. Neurol. Hypnol  1897

Le phénomène de chromatolyse consécutif à la lésion pathologique ou expérimentale de l'axone. Bull  acad. roy. méd. belg  1897

Un cas de compression de la moelle dorsale avec abolition des réflexes  J  neurol. juin, 1897

Le mecanisme des mouvements réflexes  C  R  12 me Congrès Inter: méd. Moscou août 1897

L'exagération des réflexes et de la contracture chez le spasmodique et chez l'hémiplégique. J. Neurol. février 1897.

Contribution à l'étude des cellules dorsales (Hinterzellen) de la moelle épinière des vertébrés inférieurs. Bull  acad. roy. méd. belg. 34, 1897

Le ganglion basal et la commissure habénulaire dans l'encéphale de la salamandre  Bull acad  roy. méd. belg. 34; 1897

Structure du télencéphale.  Centres de projection et centres d'association.  Rev  Quest. scient. 11, 1897.

La moelle épinière des larves des batraciens (Salamandra maculosa). Arch  biol  15; 1897

1898

et G. Nelis. Quelques points concernant la structure des cellules des ganglions spinaux. La Cellule. 14, 371, 1898.

À propos du phénomène de chromatolyse. Bull. acad. roy. med. belg. février 1898

Recherches sur l'origine réelle des nerfs craniens —Les nerfs moteurs oculaires  J  Neurol  mars 1898

La chromatolyse dans les cornes antérieures de la moelle après désarticulation de la jambe et ses rapports avec les localisations motrices. J. Neurol. mars  1898.

Un cas d'amyotrophie de la main droite  J  Neurol  mai 1898

État des réflexes et anatomie pathologique de la moelle lombosacrée dans les cas de paraplégie flasque dûs à une lésion de la moelle cervico-dorsale   J  Neurol. juin: 1898

Recherche sur l'origine réelle des nerfs craniens  Nerf facial  J  Neurol juillet 1898

À propos du phénomène des orteils. J. Neurol  juillet 1898

Recherches sur l'origine réelle des nerfs craniens  III  Le nerf glossopharyngien et le nerf vague. J  Neurol  novembre 1898.

L'état des réflexes et al contracture dans l'hémiplégie organique  Sem. Med. decembre 1898.

Un curieux cas de tic  Ann. soc  belg. neurol  1898.

VAN GEHUCHTEN

Névrose traumatique simulant une épilepsie jacksonienne. Ann soc
belg. neurol 1898

1899

Les phénomènes de réparation dans les centres nerveux après la
section des nerfs périphériques. Press, méd. 1 janvier 1899
La dissociation syringomyelique de la sensibilité dans les compressions
et les traumatis de la moelle épinière et son explication physiologique
Sem méd avril 1899.
Les differentes formes de paraplégie dues a la compression de la
moelle épinière  Leur physiologie pathologique Presse méd. 37,
mai 1899.
Un cas d'hyperexcitabilité réflexe extraordinaire. J. Neurol. juillet
1899.
Un cas de syringomyélie avec troubles de la sensibilité a topographie
radiculaire et avec troubles moteurs à marche ascendante  J.
Neurol. juillet 1899.
et C. Nelis. La localisation motrice médullaire est une localisation
segmentaire  J. Neurol. aôut 1899.
Conduction cellulipète ou axipète des prolongements protoplasma-
tiques. Bibliogr anatom. 1899.
Un cas de Tabes incipiens avec exagération des réflexes rotulien et
abolition du réflexe du tendon d'Achille des deux côtés  J. Neurol.
1899.
La doctrine des neurones et les théories nouvelles sur les connexions
des elements nerveux  J. Neurol. 1899.
Sur l'existence ou la non-existence des fibres croisées dans le tronc
des nerfs moteurs craniens. J Neurol. 1899.
À propos du faisceau longitudinal postérieur. Assoc anatom. 1899.
Les connexions bulbaires du nerf pneumo-gastrique. Assoc. anatom.
1899
Un cas do paraplégie avec autopsie. J. Neurol. 1899
Exagération des réflexes tendineux avec hypertonie, hypotonie et
atonie musculaires et quelques autres symptômes dans l'hémiplégie
organique. J Neurol. 1899.
Poliomyélite ou polynévrite. Un cas de paralysie segmentaire
J. Neurol. 1899.

1900

Recherches sur la terminaison centrale des nerfs sensibles peri-
pheriques. I. Le nerf intermédiaire de Wrisberg. Le névraxe:
1 1900.
Recherche sur la terminaison centrale des nerfs sensibles périphériques.
II Le faisceau solitaire. Le nevraxe. 1, 2:1900.

À propos de l'état moniliforme des neurones.   Le névraxes: 1, 2, 1900.
et C. De Neeff: Les noyaux moteurs de la moelle lombo-sacrée chez
l'homme   Le névraxe 1, 2; 1900
Réflexes cutanés et réflexes tendineux   Le névraxe 1, 3, 1900.
À propos des lésions ganglionnaires de la rage.   Lé névraxe: 1, 3;
1900.
et C. Nelis: Les lesions histologiques de la rage chez les animaux et
chez l'homme   Bull. acad. roy. méd belg. janvier 1900.
et C. Nelis   Diagnostic histologique de la rage.   Presse méd 19; 1,
1900
et H. Le Mort: Un cas de tumeur cérébrale avec autopsie.   J Neurol.
avril 1900
Sur uns disposition anormale des fibres de la pyramide bulbaire.
J. Neurol. avril 1900.
La rage   Soc. méd. chir. Anvers   avril 1900.
Les lésions anatomo-pathologiques de la rage.   Soc méd. chir. Anvers.
avril 1900.
À propos du diagnostic histologique de la rage des rues   Sem. med.
mai 1900.
Un cas d'épilepsie jacksonienne   Guérison par intervention opératoire.
J. Neurol. mai 1900
À propos des lésions ganglionnaires de la rage.   Le névraxe, 1; 3; 1900.
Un cas d'atrophie segmentaire ou atrophie musculaire progressive
type Aran-Duchenne.   J. Neurol. juillet 1900
Les lésions ganglionnaires de la rage.   Leur valeur au point de vue
de la symptomatologie et du diagnostic.   J. Neurol. octobre 1900.
Contribution à l'étude clinique des aphasies.   J. Neurol.   1900.

### 1901

et A. Bochenek   Le nerf accessoire de Willis dans ses connexions
avec le nerf pneumo-gastrique   Bull. acad. roy. méd belg.   Fevrier
1901
Nouveau procédé de section intra-cranienne du trijumeau, du facial,
de l'acoustique et des nerfs oculaires chez le lapin.   Le névraxe
2, 1; 1901
Recherches sur la terminaison centrale des nerfs sensibles périphériques.   III La racine bulbo-spinale du trijumeau   Le névraxe
2, 2; 1901.
et J. Van Biervliet: Le noyau de l'oculo-commun, 16, 19, et 21 mois
après la section du nerf.   Le névraxe   2, 2; 1901
Recherches sur la terminaison centrale des nerfs sensible périphériques.
IV.   La racine postérieure des deux premiers nerfs cervicaux.   Le
névraxe 2, 3; 1901.

et A Lubouschine  Recherches sur la limite supérieure du cone terminal.  Le névraxe· 3,1; 1901

et Ch  Goris· La surdité verbale pure.  Le névraxe· 3, 1; 1901

Les voies ascendantes du cordon latéral de la moelle épinière et leur rapports avec le faisceau rubro-spinal.  Le névraxe  3, 2, 1901.

Les voies sensitives d'origine médullaire.  Bull. inst  Psychol. intern. juin. 1901

Recherches sur les voies sensitives centrales   La voie centrale du trijumeau  Le névraxe. 3, 3; 1901.

Les réflexes cutanés dans la paraplégie spasmodique  Le névraxe 3, 3; 1901

1902

et M Molhant· Contribution a l'étude anatomique du nerf pneumogastrique chez l'homme. Névraxe. 13, 1; 1902.

Cryptorchidie et la maladie de Little. Le névraxe: 3, 3; 1902.

Recherches sur les voies sensitives centrales. La voie centrale des noyaux des cordons postérieurs ou voie centrale médullo-thalamique  Le névraxe· 4, 1; 1902.

Recherches sur la voie acoustique centrale.  Bull  acad  roy. méd  Belg.  1902.

Recherches sur la terminaison centrales des nerfs sensibles périphériques  V  La racine postérieure du huitième nerf cervical et du premier nerf dorsal  Le névraxe· 4, 1; 1902

Un cas de lésion traumatique des racines de la queue de cheval.  Le névraxe: 4, 1; 1902.

Les fibres inhibitives du coeur appartient au nerf pneumo-gastrique et pas au nerf spinal. Névraxe. 4, 3; 1902.

1903

Recherche sur la voie acoustique centrale   Névraxe· 4, 3; 1903

Le traitement chirurgical de la névralgie trifaciale  Bull. acad  roy. méd. belg. juillet 1903

La dégénérescence dite rétrograde ou dégénérescence wallérienne indirecte  Névraxe· 5, 1; 1903.

Recherches sur l'origine réelle et le trajet intra-cérébral des nerfs moteurs par la méthode de la dégénérescence wallérienne indirecte  Névraxe· 5, 3; 1903.

Contribution a l'étude des voies olfactives.  Névraxe: 6, 2, 1903.

Boutons terminaux et réseau péricellulaire.  Névraxe: 6, 2; 1903.

78